北大版新一代对外汉语教材·短期培训系列

SPEED-UP CHINESE

速成汉语

（修订版）

(1)

英文注释本

何　慕　编著

北 京 大 学 出 版 社
北　京

图书在版编目(CIP)数据

速成汉语.1/何慕编著.—修订版.—北京:北京大学出版社,2004.4

(北大版新一代对外汉语教材·短期培训系列)

ISBN 7-301-06890-5

Ⅰ.速… Ⅱ.何… Ⅲ.汉语-对外汉语教学-教材 Ⅳ.H195.4

中国版本图书馆 CIP 数据核字(2004)第 000286 号

书　　名:速成汉语(1)(修订版)
著作责任者:何　慕　编著
责 任 编 辑:胡小园
标 准 书 号:ISBN 7-301-06890-5/H·0967
出 版 发 行:北京大学出版社
地　　址:北京市海淀区成府路 205 号　100871
网　　址:http://cbs.pku.edu.cn
电 子 信 箱:zpup@pup.pku.deu.cn
电　　话:邮购部 62752015　发行部 62750672　编辑部 62752028
排 版 者:北京华伦图文制作中心
印 刷 者:北京大学印刷厂
经 销 者:新华书店
850 毫米×1168 毫米　32 开本　5.625 印张　139 千字
1997 年 3 月第 1 版
2004 年 4 月第 2 版　2006 年 8 月第 4 次印刷
定　　价:14.00 元

编写说明

本套教材是《速成汉语》(何慕编著,1997年北大出版社出版)的修订本。除教材内容有变动和增加了必要的辅助资料外,本次修订还把原来的一册按照循环分为三册,目的是更便于学习者根据不同需求进行选择。

编写第二语言学习教材,通常的做法是,口语教材多以话题情景为纲,精读课本多以语言知识为纲。前者容易忽略语言知识的系统性,后者容易忽略语言材料的实用性。《速成汉语》力图克服上述不足,把二者有机地结合起来,在以话题情景为纲组织教材内容的同时,以《汉语水平考试大纲》(HSK)的甲级语法点为安排语言知识的依据,并注意到同乙级语言点的衔接和过渡。本套教材侧重于培养学习者听和说的能力。

《速成汉语》把日常生活用语分成15个话题(问候与介绍、学校生活、问路和旅游、时间和日期、交通、在旅馆、访问和做客、购物、季节和天气、健康和医疗、饮食、讨论问题、兴趣爱好、贸易、学习汉语),每课学习一个话题的部分用语。全套书共三册,每册15课,全书共计45课。每册为一个循环。第一册的15课是15个话题中最基本的内容,掌握了它,就可以完成简单的汉语交际。后两册在此基础上逐渐加以扩展,使每个话题得以丰富和深化。其中第三册还有意识地加入了一些商业贸易用语,以增加本书的实用性。每课设有基本句型、课文、注释、练习、生词五个项目。课文以对话体为主,以训练听说能力;多数课文还设有叙述体短文,以训练阅读和理解能力。全部课文配有英文翻译。三册课文中的全部对话语体和第一册的叙述体短文标注了汉语拼音。课文和句型配有简明实用的注释,用以讲解语法知识。每课安排 10 个句型,20 个左右生词,三册共 450 个句型,约 900 个汉语词(包括词组)。本套教材在词语和语法点的安排上注意体现重现和渐进的原则,以便于学习。此外,本套教材还分别在每一册安排了学习辅助资料:

第一册:语音基本知识、常用反义单音节形容词、部分俗语

第二册:常用量词

第三册:常用多音字

为引起学习者的兴趣,每册书后都配有三至四首古诗。

《速成汉语》适用于在校学生的课堂教学,按照每周两课的进度,八周学完一册书。教师可以根据学习的期限和学习者的水平任意选择其中的一册(一个循环)进行教学。本套书也可以用作会话手册,供愿意学习汉语的各界人士自学之用。

本教材课文部分由曹莉、王舒翼女士翻译,特此致谢!

作　者

2003 年于北大燕园

Foreword

The language materials selected for this book are all standard Chinese Putonghua oral materials. Most of the ordinary oral teaching materials are based on the situation of a conversational topic while language teaching materials mostly use language knowledge as the guiding principle. The latter overlooks the practicality of language materials.

Speed-up Chinese strives to overcome the above mentioned deficiency and to integrate the two as an organic whole. When situation of a conversational topic is used as the guiding principle to constitute the content of the teaching material, the first-rate grammar point (133 points) of the Chinese Level Examination (HSK) is added as the basis of arranging language knowledge. The book also tries to achieve the linkup and transition with second-rate grammar point. This book lays particular emphasis on fostering the listening and speaking ability of the learner.

Speed-up Chinese divides everyday phraseology into 15 situations of conversational topics (greetings and introduction, school life, travelling, time and date, traffic at the hotel, visiting and sojourn, shopping, seasons and weather, health and medical services food and drink, discussion of questions , interest and hobby, trade, learning Chinese). Every lesson teaches part of the phraseology of each conversational topic. There are altogether 45 lessons. Every 15 lessons are a cycle. The first 15 lessons have got the most basic contents among the 15 conversational topics. Mastering it will enable the learner to make some simple Chinese communications. The latter two 15 lessons develop gradually on this foundation, allowing the 15 conversational topics to be enriched and intensified. The third cycle prepares particularly for learners some commercial trade phraseology. Every lesson consists of five parts: sentence patterns, text, annotation, exercises and new words. The text is mainly in the conversational mode. It is designed to train the listening and speaking ability. All texts come along with English translations. Hanyu Pinyin has been filled in for all the conversations in the texts, as well as for the short, narrative essays in the first book. The texts and sentence patterns are accompanied with concise and practical annotations, explaining grammatical phenomena. Each lesson has got 10 sentence patterns, approximately 20 new words, so there are 450 sentence patterns altogether, approximately 900 Chinese phrases. The arrangement of vocabulary and grammar points in this book follows the principle of progress step by step.

Speed-up Chinese is applicable for classroom-teaching. If the planned schedule of two lessons per week is followed, this book can be completed in eight weeks. The teacher can arbitrarily select any cycle (15 lessons) to teach on the basis of the different conditions of the students. This book can be a conversational handbook too, capable of meeting the different needs of individuals who are willing to study Chinese on their own.

话 题 目 录

Topics Catalogue

1. 问候和介绍 Greetings and Introductions
2. 学校生活 School Life
3. 问路和旅游 Travelling
4. 时间和日期 Time and Date
5. 交通 Traffic
6. 在旅馆 At the Hotel
7. 访问和做客 Visiting and Sojourn
8. 购物 Shopping
9. 季节和天气 Seasons and Weather
10. 健康和医疗 Health and Medical Services
11. 饮食 Food and Drink
12. 讨论问题 Discussion of Questions
13. 兴趣爱好 Interest and Hobby
14. 贸易 Trade
15. 学习汉语 Learning Chinese

《速成汉语》(全三册)话题重现索引表

话题		话题内容(课文题目)	索引	
			册	课
1	问候与介绍	你好	1	1
		他是哪国人	2	1
		我来中国学习汉语	3	1
2	学校生活	上课	1	2
		开学了	2	2
		我的专业	3	2
3	问路和旅游	银行在哪儿	1	3
		去动物园	2	3
		旅游	3	3
4	时间和日期	几点了	1	4
		生日	2	4
		等了一个小时	3	4

话题		话题内容（课文题目）	索引	
			册	课
5	交通	坐出租汽车	1	5
		坐火车	2	5
		坐飞机	3	5
6	在旅馆	你住507号	1	6
		饭店里住着各国客人	2	6
		饭店的服务	3	6
7	访问和做客	拜访老师	1	7
		你的家真漂亮	2	7
		参加晚会	3	7
8	购物	买橘子	1	8
		买衣服	2	8
		买手机	3	8
9	季节和天气	下雨了	1	9
		春天到了	2	9
		南北气候差异	3	9
10	健康和医疗	我头疼	1	10
		吃药和锻炼	2	10
		看病	3	10

话题		话题内容（课文题目）	索引	
			册	课
11	饮食	喝茶	1	11
		点菜	2	11
		宴会	3	11
12	讨论问题	星期天干什么	1	12
		减肥	2	12
		再便宜一点儿	3	12
13	兴趣爱好	我喜欢古典音乐	1	13
		爱好体育	2	13
		看广告	3	13
14	贸易	欢迎您	1	14
		合作	2	14
		参观博览会	3	14
15	学习汉语	我喜欢学习中文	1	15
		读中文报纸	2	15
		请帮我看中文合同	3	15

语法术语简称表

The Abbreviations of Chinese Grammatical Terms

(名)	名词	míngcí	noun
(代)	代词	dàicí	pronoun
(动)	动词	dòngcí	verb
(助动)	助动词	zhùdòngcí	auxiliary verb
(形)	形容词	xíngróngcí	adjective
(数)	数词	shùcí	numeral
(量)	量词	liàngcí	measure word
(副)	副词	fùcí	adverb
(介)	介词	jiècí	preposition
(连)	连词	liáncí	conjunction
(助)	助词	zhùcí	auxilary word
(叹)	叹词	tàncí	interjection
(拟声)	拟声词	nǐshēngcí	onomatopoeia
(头)	词头	cítóu	prefix
(尾)	词尾	cíwěi	suffix
(主)	主语	zhǔyǔ	subject
(谓)	谓语	wèiyǔ	predicate
(宾)	宾语	bīnyǔ	object
(定)	定语	dìngyǔ	attribute
(状)	状语	zhuàngyǔ	adverbial
(补)	补语	bǔyǔ	complement

目 录

Contents

1 你 好

How do you do!

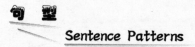

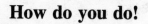

句 型 Sentence Patterns

1. 你好！

   Nǐ hǎo!

   Hello! How do you do?

2. 您好！

   Nín hǎo!

   Hello! How do you do?

3. 你们好！

   Nǐmen hǎo!

   Hello! Everyone.

4. 你好吗？

   Nǐ hǎo ma?

   How are you?

5. 我很好。

   Wǒ hěn hǎo.

   I'm fine.

6. 他也很好。

Tā yě hěn hǎo.

He is fine too.

7. 我们都很好。

Wǒmen dōu hěn hǎo.

We are all fine.

8. 你叫什么?

Nǐ jiào shénme?

What's your name?

9. 我叫王红。

Wǒ jiào Wáng Hóng.

I am Wang Hong.

10. 你呢?

Nǐ ne?

And you?

课 文

Text

(一)

A:你好!

Nǐ hǎo!

How do you do?

B:你好!

Nǐ hǎo!

How do you do?

A：最近怎么样？

Zuìjìn zěnmeyàng?

How are you these days?

B：我很好。你呢？

Wǒ hěn hǎo. Nǐ ne?

I'm fine. And you?

A：我也很好。

Wǒ yě hěn hǎo.

I'm fine too.

（二）

A(老师)：你们好！

Teacher: Nǐmen hǎo!

Hello! Everyone!

B(学生)：您好！

Students: Nín hǎo.

Hello!

A(老师)：你们好吗？

Teacher: Nǐmen hǎo ma?

How are you?

B(学生)：我们都很好。

Students: Wǒmen dōu hěn hǎo.

We are all fine.

A(老师)：你叫什么？

Teacher: Nǐ jiào shénme?

What's your name?

C(学生)：我叫王红。

Students: Wǒ jiào Wáng Hóng.

I'm Wang Hong.

A(老师)：他呢？

Teacher: Tā ne?

Who is he?

C(学生)：他叫大卫。

Students: Tā jiào Dàwèi.

He is David.

注 释 Annotation

1. 你好　*Nǐ hǎo*

是最常用的打招呼用语。早上、下午、晚上都可以用。

"*Nǐ hǎo*" is commonly used when greetings are exchanged. It is used in the morning, afternoon or evening.

2. 您　*Nín*

是一种客气的说法，称呼长辈或尊敬的人。

"*Nín*" is a polite form of address. It is used to address the elders or respected people.

3. 们　*Men*

可以用来表示复数，如：我——我们，你——你们，他——他们。

"*Men*" is a plural form, for examples: "*wǒ—wǒmen*"(I/me–we/us), "*nǐ—nǐmen*" (you—you [pl.]), "*tā—tāmen*" (he/him—they/them).

4. 我很好　*Wǒ hěn hǎo*

回答别人的问候时,要说"我很好",不说"我好"。"很"在这里不是真的表示程度。

When answering one's greetings, you should say "*wǒ hěn hǎo*" instead of "*wǒ hǎo*". "*Hěn*" is not really used to express the degree or level here.

5. 你好吗?　*Nǐ hǎo ma?*

在一个句子后面加上"吗"表示疑问,这是汉语最常用的一种疑问句。

It is one of the most commonly used interrogative sentence in Chinese to include "*ma*" at the end of a sentence to express enquiry.

6. 也和都　*Yě hé dōu*

汉语的"也"和"都"只能出现在动词前,或者副词前。例如:"他也好"、"他也很好"。下面的句子是错误的:"也他很好"、"他很也好"、"他很好也"。

In Chinese, "*yě*" and "*dōu*" only appear before verbs and adverbs. For example: "*tā hěn hǎo*"、"*tā yě hěn hǎo*". The following sentences are incorrect: "*yě tā hěn hǎo*","*tā hěn yě hǎo*","*tā hěn hǎo yě*".

7. 你呢　　*Nǐ ne*

在代词或者表示人的名词后加上"呢",构成另一种疑问句。

It forms another type of interrogative sentence to include "*ne*" after pronouns or nouns which indicate people.

练　习　Exercises

1. 完成对话:

Complete the following dialogues:

(1) A: 你好吗?

B: ______________。

A: 他好吗?

B: ______________。

(2) A: 你们好!

B: ______________。

A: 你们好吗?

B: ______________。

(3) A: 你叫什么?

B: ______________。

A: 她叫什么?

B: ______________。

(4) A: 他叫什么?

B: ______________。

A：你呢？

B：________。

2. 选择正确答案：

Choose the correct answer:

(1) A：你好！

B：a. 我好。　　b. 您好。

c. 很好。　　d. 他很好。

(2) A：你好吗？

B：a. 你好!　　b. 我也很好。

c. 你们好!　　d. 很好。

(3) A：你们好！

B：a. 你好!　　b. 我们很好。

c. 他也很好。　　d. 我们都好。

生词 New Words

1. 你	nǐ	(代)	you
2. 好	hǎo	(形)	fine
3. 您	nín	(代)	you (respectful form)
4. 你们	nǐmen	(代)	you
5. 吗	ma	(助)	*particle*
6. 我	wǒ	(代)	I, me
7. 很	hěn	(副)	very

8. 他	tā	（代）	he, him
9. 也	yě	（副）	also, too, either
10. 我们	wǒmen	（代）	we, us
11. 都	dōu	（副）	all
12. 叫	jiào	（动）	to name, to be called
13. 什么	shénme	（代）	what
14. 呢	ne	（助）	*particle*
15. 王红	Wáng Hóng		Wang Hong
16. 大卫	Dàwèi		David

上　课

Attending class

Sentence Patterns

11. 现在我们上课。

    Xiànzài wǒmen shàng kè.

    Now let's begin our class.

12. 请打开书。

    Qǐng dǎkāi shū.

    Please open the book.

13. 请再说一遍。

    Qǐng zài shuō yí biàn.

    Please say it once again.

14. 请读生词。

    Qǐng dú shēngcí.

    Please read the new words.

15. 请你读课文。

    Qǐng nǐ dú kèwén.

    Please read the text.

16. 你明白了吗？

Nǐ míngbai le ma?

Do you understand?

17. 我明白了。

Wǒ míngbai le.

I see.

18. 不，我不明白。

Bù, wǒ bù míngbai.

No, I don't understand.

19. 现在做练习。

Xiànzài zuò liànxí.

Let's do the exercises now.

20. 下课。

Xià kè.

Class is over.

课文
Text

(一)

A：同学们好！

Tóngxuémen hǎo.

Hello! Everyone!

B：老师好！

Lǎoshī hǎo.

Hello! Teacher!

A：现在我们上课。请打开书。

Xiànzài wǒmen shàng kè. Qǐng dǎikāi shū.

Let's begin our class now. Please open your book.

B：老师，请您再说一遍。

Lǎoshī, qǐng nín zài shuō yí biàn.

Teacher, I beg your pardon.

A：请打开书。明白了吗？

Qǐng dǎikāi shū. Míngbai le ma?

Please open the book. Do you understand?

(二)

A：你好，你叫什么？

Nǐ hǎo, nǐ jiào shénme?

Hello, what's your name?

B：我叫王红。

Wǒ jiào Wáng Hóng.

I'm Wang Hong.

A：他呢？

Tā ne?

Who is he?

B：他叫大卫。

Tā jiào Dàwèi.

He's David.

A：现在我们做练习。

Xiànzài wǒmen zuò liànxí.

Now let us do the exercises.

B：我不明白。

Wǒ bù míngbai.

Sorry, I do not understand.

A：我再说一次，现在做练习。

Wǒ zài shuō yí cì, xiànzài zuò liànxí.

Well, I'll repeat. Do the exercises now.

B：明白了。

Míngbai le.

I see.

A：请你读课文。

Qǐng nǐ dú kèwén.

Please read the text

B：好。

Hǎo.

All right.

注释 Annotation

1. 请打开书 ***Qǐng dǎ kāi shū***

"打开"是一个结果补语式。动词"开"出现在"打"后，补充说明"打"的结果。

"*Dǎ kāi*" is in the resultant complement mood. The verb "*kāi*" appears after "*dǎ*" to explain the result of "*dǎ*".

2. 再说一遍　　*Zài shuō yí biàn*

动词 +“一遍”,表示动作的量。其他例子如:“读一遍”、“做 一遍”。注意,“说一次”、“说一遍”意思相同。

“Verb + *yí biàn*” indicates the times of the action. Other examples: “*dú yí biàn*”, “*zuò yí biàn*”. “*Shuō yí cì*” has the same meaning as “*shuō yí biàn*”.

3. 了　　*Le*

用在动词后面,表示动作已经完成。

“*Le*” is used after verbs to indicate the completion of an action.

4. 不　　*Bù*

表示否定,可以用在动词前面,也可以单独使用。

“*Bù*” express negative meaning. It can be put before verbs or used independently as well.

练习 Exercises

1. 完成对话:

Complete the following dialogues:

(1) A: 同学们好!

B: ________________。

A: 你叫什么?

B: 我叫。 ____________。

(2) A：请你读生词。

B：我不明白，__________。

A：请你读生词，明白了吗？

B：__________。

2. 用“不”将下列动词或动词词组变成否定式：

Change the following verbs or verbal phrases into negative form with “*bù*”:

(1) 打开书 (2) 上课

(3) 读生词 (4) 读课文

(5) 明白 (6) 做练习

(7) 下课 (8) 叫王红

3. 翻译：

Translation:

(1) 现在我们上课。

(2) 我们打开了书。

(3) 老师读了课文。

(4) 你说什么？

(5) 我也做练习吗？

(6) 你们都做练习。

(7) 对不起，我不明白你说什么。

(8) 同学们请老师再读一次生词。

生词 New Words

1. 现在	xiànzài	（名）	now
2. 上课	shàng kè		attend class
3. 请	qǐng	（动）	please
4. 打开	dǎkāi	（动）	open
5. 书	shū	（名）	book
6. 再	zài	（副）	again
7. 说	shuō	（动）	say
8. 一遍	yí biàn		once
9. 读	dú	（动）	read
10. 生词	shēngcí	（名）	new words
11. 课文	kèwén	（名）	text
12. 明白	míngbai	（形）	understand
13. 了	le	（助）	*particle*
14. 不	bù	（副）	no
15. 做	zuò	（动）	do
16. 练习	liànxí	（名）	exercise
17. 下课	xià kè		Class is over.
18. 同学们	tóngxuémen	（名）	students
19. 老师	lǎoshī	（名）	teacher
20. 一次	yí cì		once

3 银行在哪儿

Where is the bank?

句型 Sentence Patterns

21. 请问,银行在哪儿?

Qǐng wèn, yínháng zài nǎr?

Excuse me, where is the bank?

22. 在前边。

Zài qiánbiān.

It is just ahead.

23. 怎么走?

Zěnme zǒu?

How can I get there?

24. 往右拐。

Wǎng yòu guǎi.

Turn to the right.

25. 银行在商店旁边。

Yínháng zài shāngdiàn pángbiān.

The bank is next to the store.

26. 在马路左边。

Zài mǎlù zuǒbian.

It is on the left side of the road.

27. 远吗?

Yuǎn ma?

Is it far?

28. 不远。

Bù yuǎn.

It is not far away.

29. 谢谢!

Xièxie!

Thank you!

30. 不客气。

Bú kèqi.

You're welcome.

课文
Text

(一)

A: 请问,银行在哪儿?

Qǐng wèn, yínháng zài nǎr?

Excuse me, Where is the bank?

B: 银行就在前边。

Yínháng jiù zài qiánbian.

The bank is just ahead.

A: 远吗?

Yuǎn ma?

Is it far?

B：不远。

Bù yuǎn.

No, it isn't.

A：谢谢！

Xièxie!

Thank you!

B：不客气。

Bú kèqi.

You are welcome.

(二)

A：请问，商店在哪儿？

Qǐng wèn, shāngdiàn zài nǎr?

Excuse me, could you please tell me where the store is?

B：商店在银行旁边。

Shāngdiàn zài yínháng pángbiān.

It is next to the bank.

A：怎么走？

Zěnme zǒu?

How can I get there?

B：往右拐。

Wǎng yòu guǎi.

Turn to the right.

A：请再说一次。

Qǐng zài shuō yí cì.

I beg your pardon.

B：往右拐，在银行旁边。

Wǎng yòu guǎi, zài yínháng pángbiān.

Turn to the right, and it is next to the bank.

(三)

A：请问，商店在马路左边吗？

Qǐng wèn, shāngdiàn zài mǎlù zuǒbian ma?

Excuse me, is the store on the left side of the road?

B：不，商店在马路右边。

Bù, shāngdiàn zài mǎlù yòubian.

No, it is on the right side of the road.

A：银行呢？

Yínháng ne?

Then where is the bank?

B：银行也在马路右边。

Yínháng yě zài mǎlù yòubian.

The bank is also on the right side of the road.

注释 Annotation

1. 请问 *Qǐng wèn*

"请问"是汉语中最常用的礼貌用语之一，用在句子开头。

"*Qǐng wèn*" is one of the most commonly used phrases which express courtesy. It is used at the beginning of a sentence.

2. 怎么走？　　*Zěnme zǒu?*

"怎么"用在动词"走"前，询问"走"的方向，也可以询问动作的方式。如："怎么说"、"怎么读"、"怎么做"。

"*Zěnme*" is used before the verb "*zǒu*" to express the inquiry about the direction of "*zǒu*", it can also be used to ask about the way of the movement. For example: "*zěnme shuō*"(how to say), "*zěnme dú*" (how to read) and "*zěnme zuò*" (how to do).

3. 往右拐　　*Wǎng yòu guǎi*

"往"是一个介词，后边加上"右"组成词组"往右"，"往右"放在动词"拐"的前面，表示"拐"的方向。也可以说"往左拐""往南拐""往东拐"等。

"*Wǎng*" is a preposition followed by "*yòu*" to form a phrase "*wǎng yòu*". "*Wǎng yòu*" is placed before the verb "*guǎi*" to indicate the direction of "*guǎi*". We can also say "*wǎng zuǒ guǎi*", "*wǎng nǎn guǎi*" and "*wǎng dōng guǎi*" etc.

4. 不客气　　*Bú kèqi*

是对别人表示感谢的一种回答。也说"不用谢"。

It is a kind of reply to other people's expression of gratitude. We can also say "*bú yòng xiè*".

练习 Exercises

1. 完成对话：

Complete the following dialogues:

(1) A：请问，银行在哪儿？

B：________________。

A：怎么走？

B：________________。

A：谢谢！

B：________________。

(2) A：老师，商店在前边吗？

B：________________。

A：在马路右边吗？

B：不，______________。

A：请再说一次。

B：________________。

2. 翻译：

Translation:

(1) 在左边　　在右边　　在前边　　在旁边

(2) 往右拐　　往左拐

(3) 怎么走　　怎么读　　怎么说　　怎么问

3. 选择正确的说法:

Choose the correct answer:

(1) The store is next to the bank.

a. 商店在旁边银行。

b. 商店在银行旁边。

c. 银行在商店旁边。

(2) The bank is on the right side of the road.

a. 银行在马路左边。

b. 银行在马路右边。

c. 银行在左边马路。

d. 银行在右边马路。

(3) The store is on the right side too.

a. 也商店在马路右边。

b. 商店也在马路右边。

c. 商店在马路也右边。

d. 商店在马路右边也。

生词 New Words

1. 问	wèn	(动)	ask, inquire
2. 银行	yínháng	(名)	bank
3. 在	zài	(动)	exist
4. 哪儿	nǎr	(代)	where

5. 前边	qiánbian	（名）	ahead
6. 怎么	zěnme	（代）	how
7. 走	zǒu	（动）	walk
8. 往	wǎng	（介）	to, toward
9. 右	yòu	（名）	right
右边	yòubian	（名）	right side
10. 拐	guǎi	（动）	turn
11. 商店	shāngdiàn	（名）	shop, store
12. 旁边	pángbiān	（名）	side
13. 马路	mǎlù	（名）	road
14. 左	zuǒ	（名）	left
左边	zuǒbian	（名）	left side
15. 远	yuǎn	（形）	far, distant
16. 谢谢	xièxie	（动）	thank you
17. 客气	kèqi	（形）	courteous
18. 不客气	bú kèqi		You are welcome.

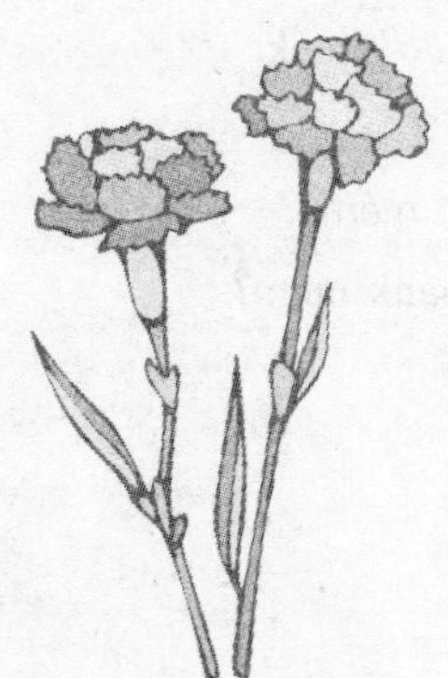

4 几点了

What's the time?

句型 Sentence Patterns

31. 现在几点？

Xiànzài jǐ diǎn?

What time is it now?

32. 现在三点。

Xiànzài sān diǎn.

It is three o'clock.

33. 现在九点了。

Xiànzài jiǔ diǎn le.

It is already nine o'clock.

34. 银行几点开门？

Yínháng jǐ diǎn kāi mén?

When does the bank open?

35. 五点十分。

Wǔ diǎn shí fēn.

Ten past five.

36. 六点半。

Liù diǎn bàn.

Half past six.

37. 七点一刻。

Qī diǎn yí kè.

A quarter past seven.

38. 差一刻八点。

Chà yí kè bā diǎn.

A quarter to eight.

39. 今天是星期几?

Jīntiān shì xīngqī jǐ?

What day is today?

40. 今天是星期日。

Jīntiān shì xīngqīrì.

Today is Sunday.

课　文

Text

(一)

A：请问,现在几点了?

Qǐng wèn, xiànzài jǐ diǎn le?

Excuse me, what time is it now?

B：现在八点。

Xiànzài bā diǎn.

It is eight o'clock.

A：商店几点开门?

Shāngdiàn jǐ diǎn kāi mén?

When does the store open?

B：商店八点半开门。

Shāngdiàn bā diǎn bàn kāi mén.

It opens at half past eight.

A：谢谢！

Xièxie!

Thank you!

B：不用谢！

Bú yòng xiè.

You're welcome!

（二）

A：王红，几点了？

Wáng Hóng, jǐ diǎn le?

Wang Hong, what's the time?

B：差一刻九点。

Chà yí kè jiǔ diǎn.

A quarter to nine.

A：今天是星期几？

Jīntiān shì xīngqī jǐ?

What day is today?

B：今天是星期天。

Jīntiān shì xīngqītiān.

Today is Sunday.

A：银行开门吗？

Yínháng kāi mén ma?

Does the bank open?

B：银行开门。

Yínháng kāi mén.

Yes, it does.

(二)

A：今天是星期四吗？

Jīntiān shì xīngqīsì ma?

Is it Thursday today?

B：今天不是星期四，是星期三。

Jīntiān bú shì xīngqīsì, shì xīngqīsān.

No, it is not Thursday. It is Wednesday.

A：现在几点？

Xiànzài jǐ diǎn?

What's the time now?

B：现在十一点一刻。

Xiànzài shíyí diǎn yí kè.

It is a quarter past eleven now.

A：你说什么？请再说一遍。

Nǐ shuō shénme? Qǐng zài shuō yí biàn.

What did you say? Please say it again.

B：现在是十一点十五分。

Xiànzài shì shíyī diǎn shíwǔ fēn.

It is eleven fifteen now.

注 释

Annotation

1. 几　*Jǐ*

用来询问数字,多用于询问"十"以下的数字。

"*Jǐ*" is used to inquire about numbers. It is more commonly used to inquire about numbers below "*shí*".

2. 九点了　*Jiǔ diǎn le*

"了"用在句子末尾,不是表示动作完成或行为的实现,而是表示确定的语气。

"*Le*" is used at the end of a sentence, not to express the completion of act, but to express a definite mood of speaking.

3. 时间　*Indication of Time*

5:00	五点		five o'clock
5:05	五点零五分		five past five
5:10	五点十分		ten past five
5:15	五点十五分	五点一刻	a quarter past five
5:30	五点三十分	五点半	half past five
5:45	五点四十五分	五点三刻	a quarter to six
5:55	五点五十五分	差五分六点	five minutes to six

4. 星期　*Indication of Week*

星期一:	Monday	星期二:	Tuesday
星期三:	Wednesday	星期四:	Thursday

星期五： Friday 星期六： Saturday
星期日(天)： Sunday

5. 星期日 ***Xīngqīrì***

多用于书面语，"星期天"多用于口语。

"*Xīngqīrì*" is often used in written form while "*xīngqītiān*" is often used in oral form.

练 习 Exercises

1. 用汉语说出下列时间：

Read the following time in Chinese:

(1) 7:00 8:00 11:00 12:00

(2) 1:06 3:14 5:25 8:47

(3) 1:15 5:15 10:45 11:45

(4) 1:30 4:30 6:30 10:30

2. 选择：

Choose the correct answer:

(1) 三点半

a. 2:20 b. 3:15 c. 3:30 d. 6:45

(2) 四点十四分

a. 4:15 b. 8:14 c. 4:40 d. 4:14

(3) 五点一刻

a. 5:30 b. 5:15 c. 5:45 d. 5:50

(4) 差十分八点

a. 7:45　　b. 8:10　　c. 7:50　　d. 8:50

3. **完成对话:**

Complete the following dialogues:

(1) A: 请问,银行在哪儿?

B: ________________。

A: 现在几点了?

B: ________________。

A: 银行开门了吗?

B: ________________。

(2) A: 今天是星期几?

B: ________________。

A: 我们今天上课吗?

B: ________________。

A: 谢谢!

B: ________________。

生词 New Words

1. 几	jǐ	(数)	how many
2. 点	diǎn	(名)	o'clock
3. 开	kāi	(动)	open
4. 门	mén	(名)	door

5. 分	fēn	（名）	minute
6. 半	bàn	（数）	half
7. 刻	kè	（名）	a quarter
8. 差	chà	（动）	short of
9. 今天	jīntiān	（名）	today
10. 是	shì	（动）	is
11. 星期	xīngqī	（名）	week
12. 星期日（天）	xīngqīrì(tiān)	（名）	Sunday

附：数字 1—10

Appendix: Numbers 1—10

零	líng	zero
一	yī	one
二	èr	two
三	sān	three
四	sì	four
五	wǔ	five
六	liù	six
七	qī	seven
八	bā	eight
九	jiǔ	nine
十	shí	ten

坐出租汽车

Taking a taxi

Sentence Patterns

41. 有出租汽车吗？
Yǒu chūzūqìchē ma?
Is there any taxi available?

42. 有。您去哪儿？
Yǒu. Nín qù nǎr?
Yes. Where do you want to go?

43. 您要去什么地方？
Nín yào qù shénme dìfang?
Where do you want to go?

44. 对不起，现在没有车。
Duìbùqǐ, xiànzài méiyǒu chē.
Sorry, there is no taxi available now.

45. 请等一会儿。
Qǐng děng yíhuìr.
Please wait for a moment.

46. 我要去飞机场。
Wǒ yào qù fēijīchǎng.

I want to go to the airport.

47. 远不远？

Yuǎn bu yuǎn?

Is it far away?

48. 不太远，一会儿就到。

Bú tài yuǎn,yíhuìr jiù dào.

It is not too far. We will get there in a while.

49. 太远了！

Tài yuǎn le!

It is too far away!

50. 请上车！

Qǐng shàng chē.

Please get on the car.

课 文

Text

(一)

A：请问，有出租汽车吗？

Qǐng wèn, Yǒu chūzūqìchē ma?

Is there any taxi available?

B：有，您去哪儿？

Yǒu. Nín qù nǎr?

Yes. Where do you want to go?

A：我去银行。

Wǒ qù yínháng.

I want to go to the bank.

B：请上车。

Qǐng shàng chē.

Please get on the car.

A：谢谢！去银行远不远？

Xièxie! Qù yínháng yuǎn bu yuǎn?

Thank you! Is it far away to get to the bank?

B：不太远，一会儿就到。

Bú tài yuǎn, yíhuìr jiù dào.

It is not too far. We will get there in a while.

（二）

A：请问，有没有出租汽车？

Qǐng wèn, yǒu méiyǒu chūzūqìchē?

Excuse me, is there any taxi around?

B：有。您要去什么地方？

Yǒu. Nín yào qù shénme dìfang?

Yes. Where do you want to go?

A：我要去飞机场。

Wǒ yào qù fēijīchǎng.

I want to go to the airport.

B：对不起，我不去飞机场。

Duìbuqǐ, wǒ bú qù fēijīchǎng.

Sorry, I am not going to the airport.

A：太远吗？

Tài yuǎn ma?

Is it far away?

B：太远了。

Tài yuǎn le.

Yes, it is too far away.

（三）

A：请问，去飞机场远不远？

Qǐng wèn, qù fēijīchǎng yuǎn bu yuǎn?

Excuse me, is it far away to go to the airport?

B：很远。

Hěn yuǎn.

It is very far away.

A：有没有出租车？

Yǒu méiyǒu chūzūchē?

Is there any taxi around?

B：对不起，现在没有车。

Duìbuqǐ, xiànzài méiyǒu chē.

Sorry, there is no taxi now.

A：请再说一次。

Qǐng zài shuō yícì.

I beg your pardon.

B：现在没车，请等一会儿。

Xiànzài méi chē, qǐng děng yíhuìr.

There is no taxi now. Please wait for a while.

注释 Annotation

1. 有　　*Yǒu*

动词"有"的否定式是"没有"，如果"没有"后边带有宾语，可以省略"有"。如"没有车"，可以说成"没车"。

The negative form of verb "*yǒu*" is "*méiyǒu*". If an object follows "*méiyǒu*", "*yǒu*" can be left out. For example, "*méiyǒu chē*" can be said as "*méi chē*".

2. 您要去什么地方？　　*Nín yào qù shénme dìfang?*

"什么"常常用在名词前表示询问，其他如"什么商店"、"什么银行"、"什么飞机场"、"什么练习"。

"*Shénme*" is often used before nouns to express inquiry. Other examples: "*shénme shāngdiàn*", "*shénme yínháng*", "*shénme fēijīchǎng*" and "*shénme liànxí*".

3. 对不起 *Duìbuqǐ*

是一种常用的、表示道歉的礼貌用语。

"*Duìbuqǐ*" is a commonly used phrase to express apologies in a courteous manner.

4. 等一会儿 *Děng yíhuìr*

"动词 + 一会儿",表示动作持续的时间短。其他例子如:"说一会儿"、"读一会儿"、"走一会儿"。

"Verb + *yíhuìr*" indicates that the act continues for a short time. Other examples: "*shuō yíhuìr*" (say for a while), "*dú yíhuìr*"(read for a while) and "*zǒu yíhuìr*"(walk for a while).

5. 远不远 *Yuǎn bu yuǎn*

在汉语里,形容词或动词的肯定形式与否定形式连用,可以构成汉语的疑问式。其他例子如:"好不好"、"去不去"、"是不是"、"明白不明白"等。

The combination of the positive and negative forms of adjectives or verbs makes up another type of interrogative sentence in Chinese. Other examples: "*hǎo bu hǎo*", "*qù bu qù*", "*shì bu shì*", "*míngbai bu míngbai*" etc.

6. 一会儿就到 *Yíhuìr jiù dào*

"就"是一个副词,用在动词前,表示动作很快就会发生。例如:"我就走"、"他就要去机场了"。

"*Jiù*" is an adverb, used before verbs to express that an act is going to take place very soon. For example: "*wǒ jiù zǒu*", "*tā jiù yào qù jīchǎng le*".

7. 太……了　*Tài…le*

"太 + 形容词 + 了"是一种固定格式,表示程度很高。如"太远了"、"太好了"、"太客气了"。

"*Tài* + adjective + *le*" is a fixed form to express that the degree or level is very high. e.g. "*tài yuǎn le*"(It is too far), "*tài hǎo le*"(It is very good) and "*tài kèqi le*" (You're too courteous).

练习 Exercises

1. 完成对话:

Complete the following dialogues:

(1) A: 请问,有没有出租汽车?

B: 有,__________________。

A: 我要去银行。

B: ______________________。

A: 去银行远吗?

B: 不太远,________________。

(2) A: 今天是不是星期五?

B: 不,____________________。

A: 太好了! 我们不上课。

B: _______________________。

A：我也要去商店。

B：______________。

2. 选词填空：

Fill in the following blanks:

远不远　　明白不明白　　是不是　　去不去

读不读　　做不做　　有没有

(1) 你______________商店？

(2) 银行______________八点开门？

(3) 我们______________练习？

(4) 飞机场______________？

(5) 同学们______________生词？

(6) 王红______________书？

(7) 今天______________星期天？

(8) 现在没车，请等一会儿。你______________？

1. 有	yǒu	（动）	exist
2. 车	chē	（名）	car
3. 出租车	chūzūchē	（名）	taxi
4. 去	qù	（动）	go
5. 对不起	duìbuqǐ		sorry
6. 没有	méiyǒu	（动）	have not

7. 等	děng	（动）	wait
8. 一会儿	yíhuìr	（名）	short of
9. 要	yào	（动）	want
10. 地方	dìfang	（名）	place
11. 飞机场	fēijīchǎng	（名）	airport
12. 太	tài	（副）	too
13. 就	jiù	（副）	at once, right away
14. 到	dào	（动）	reach
15. 上	shàng	（动）	get on

你住507号

Your room is 507

句 型

Sentence Patterns

51. 请问,有空房间吗?

Qǐng wèn, yǒu kòng fángjiān ma?

Excuse me, is there any room available?

52. 有,您要几间?

Yǒu, nín yào jǐ jiān?

Yes. How many rooms do you want?

53. 现在没有,都住满了。

Xiànzài méiyǒu, dōu zhùmǎn le.

There is no room available now, all are full.

54. 我要两间。

Wǒ yào liǎng jiān.

I want two rooms.

55. 您要单人房间还是双人房间?

Nín yào dān rén fángjiān háishi shuāng rén fángjiān?

Do you want single room or double room?

56. 我要单(双)人房间。

Wǒ yào dān (shuāng) rén fángjiān.

I want single (double) room.

57. 请填登记表。

Qǐng tián dēngjìbiǎo.

Please fill in the registration form.

58. 您的房间是 507 号。

Nín de fángjiān shì wǔ líng qī hào.

Your room is No.507.

59. 这是钥匙。

Zhè shì yàoshi.

This is the key.

60. 请跟我走。

Qǐng gēn wǒ zǒu.

Please follow we.

课 文

Text

(一)

A：请问，有空房间吗？

Qǐng wèn, yǒu kòng fángjiān ma?

Excuse me, is there any room available?

B：有，您要几间？

Yǒu, nín yào jǐ jiān?

Yes. How many rooms do you want?

A：我要一间。

Wǒ yào yì jiān.

I want one room.

B：单人房间还是双人房间？

Dān rén fángjiān háishi shuāng rén fángjiān?

A single room or double room?

A：单人房间。

Dān rén fángjiān.

Single room.

B：您的房间是325号。

Nín de fángjiān shì sān èr wǔ hào.

Your room is No. 325.

A：谢谢！

Xièxie!

Thank you!

（二）

A：请问，有没有空房间？

Qǐng wèn, yǒu méiyǒu kòng fángjiān?

Excuse me, is there any room available?

B：有双人房间，没有单人房间。

Yǒu shuāng rén fángjiān, méiyǒu dān rén fángjiān.

We have double rooms, but no single rooms.

A：太好了！ 我要双人房间。

Tài hǎo le! Wǒ yào shuāng rén fángjiān.

Great! I want a double room.

B：请填登记表。

Qǐng tián dēngjìbiǎo.

Please fill in the registration form.

A：好。

Hǎo.

All right.

B：这是您的钥匙，请跟我走。

Zhè shì nín de yàoshi, qǐng gēn wǒ zǒu.

This is your key, please follow me.

A：谢谢！

Xièxie!

Thank you!

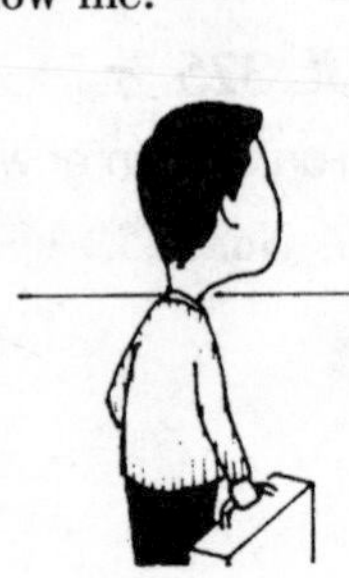

B：不客气。

Bú kèqi.

You're welcome.

（三）

A：您要房间吗？

Nín yào fángjiān ma?

Can I help you?

B：是，我要一间单人房间。

Shì, wǒ yào yì jiān dān rén fángjiān.

Yes, I want a single room.

A：对不起，单人房间都住满了。

Duìbuqǐ, dān rén fángjiān dōu zhùmǎn le.

Sorry, we have no single rooms now.

B：有双人房间吗？

Yǒu shuāng rén fángjiān ma?

Is there any double room?

A：有。

Yǒu.

Yes.

B：太好了！我要一间。

Tài hǎo le! Wǒ yào yì jiān.

Great! I want one.

A：您的房间在前边，往右拐。

Nín de fángjiān zài qiánbian, wǎng yòu guǎi.

You go ahead then turn to the right. That's your room.

B：谢谢！

Xièxie!

Thank you!

注释 Annotation

1. 都住满了　*Dōu zhùmǎn le*

"住满"是一个结果补语式。形容词"满"出现在"住"后，表明结果。

"*Zhùmǎn*" is in the resultant complement mood. The adjective "*mǎn*" is used after "*zhù*" to show the result.

2. 我要两间　*Wǒ yào liǎng jiān*

注意，汉语的习惯说法是"两间"、"两点"，不说"二间"、"二点"。

The common saying in Chinese is "*liǎng jiān*", "*liǎng diǎn*" in stead of "*èr jiān*", "*èr diǎn*".

3. 单人房间还是双人房间　　*Dān rén fángjiān háishi shuāng rén fángjiān*

"还是"构成汉语的选择问句。"还是"前后可以是名词（单人房间还是双人房间）、动词（去还是不去）、形容词（明白还是不明白），也可以是句子（你去还是我去）。

"*Háishi*" forms the selective sentences in Chinese. "*Hái shi*" can have nouns, verbs, adjectives even sentences before or after it. e.g. "*dān rén fángjiān háishi shuāng rén fángjiān*" (nouns), *qù háishi bú qù* (verbs), "*míngbai háishi bù míngbai*" (adjecties), "*nǐ qù háishi wǒ qù*" (sentences).

4. 您的房间　　*Nín de fángjiān*

"的"是一个助词，表示领属关系。再如"我的书"、"他的钥匙"、"我们的老师"。

"*De*" is a particle indicating the possessive relation. e.g. "*wǒ deshū*" (my book), "*tā de yàoshi*" (his key), "*wǒmen de lǎoshī*"(our teacher).

5. 跟我走　　*Gēn wǒ zǒu*

"跟"是一个介词，后面加表示人的名词或代词，再加动词。

"*Gēn*" is a preposition, placed before pronouns or nouns which indicate people, followed by verbs.

6. 好　　Hǎo

是个常用的应答用语，表示同意。

"*Hǎo*" is a phrase commonly used as an answer or a reply which indicates agreement.

7. 一间单人房间　　*Yì jiān dān rén fángjiān*

"间"是个量词。汉语的数词和名词之间必须有量词，什么名词要求什么量词是确定的，如："一本书"、"一辆出租汽车"。

"*Jiān*" is a measure word. In Chinese, measure word is needed between a numeral and a noun. It is set as measure words and it should be collocated with proper nouns.

练习 Exercises

1. 用"还是"把下列各组词分别连成句子：

Make the following phrases into sentences with "*háishi*":

(1) 你　去　商店　银行

(2) 我　读　课文　生词

(3) 你　要　单人房间　双人房间

(4) 商店　在　马路左边　马路右边

(5) 今天　是　星期六　星期天

(6) 现在　商店　开门　不开门

(7) 我们　往左拐　往右拐

(8) 你去　我去

2. 翻译：

Translation:

(1) 这是我的书。

(2) 我们的老师去飞机场了。

(3) 您的房间在前边，往左拐。

(4) 这是不是他的钥匙？

(5) 对不起，我们没有空房间了。

(6) 对不起，房间都住满了。

3. 选择正确答案：

Choose the correct answer:

(1) A：请问，有空房间吗？
B：a. 有，您要几间？
b. 对不起，有。
c. 这是钥匙

(2) A：您要几间？
B：a. 我要二间。
b. 我要两间。
c. 我要双人房间。

(3) A：您要单人房间还是双人房间？
B：a. 我要三间。
b. 我要单人房间。
c. 我要双人房间。

(4) A：您的房间是 121 号，请跟我走。
B：a. 不客气。
b. 太好了。

c. 谢谢！

生词 New Words

1. 空	kòng	（形）	empty, free
2. 房间	fángjiān	（名）	room
3. 间	jiān	（量）	*measure word*
4. 住	zhù	（动）	stay
5. 满	mǎn	（形）	full
6. 两	liǎng	（数）	two
7. 单	dān	（形）	single
8. 人	rén	（人）	people
9. 双	shuāng	（形）	double
10. 还是	háishi	（连）	or
11. 填	tián	（动）	fill
12. 登记表	dēngjìbiǎo	（名）	registration form
13. 的	de	（助）	*particle*
14. 号	hào	（名）	number
15. 这	zhè	（代）	this
16. 钥匙	yàoshi	（名）	key
17. 跟	gēn	（介）	follow

7 拜访老师

Visiting the teacher

句型 Sentence Patterns

61. 我想去拜访您。

    Wǒ xiǎng qù bàifǎng nín.

    I want to pay a visit to you.

62. 什么时间对您合适?

    Shénme shíjiān duì nín héshì?

    What time will be convinient for you?

63. 您什么时间有空儿?

    Nín shénme shíjiān yǒu kòngr?

    When will you be free?

64. 星期六和星期天都行。

    Xíngqīliù hé xīngqītiān dōu xíng.

    Saturdays and Sundays are all right.

65. 我星期五晚上去,可以吗?

    Wǒ xīngqīwǔ wǎnshang qù, kěyǐ ma?

    Can I come on Friday night?

66. 行。

    Xíng.

OK.

67. 不行，我有事。

Bùxíng, wǒ yǒu shì.

Sorry, I am afraid I have got something to do.

68. 我们七点半去吧？

Wǒmen qī diǎn bàn qù ba?

We will come at seven thirty. Is that all right?

69. 我等您。

Wǒ děng nín.

I'll wait for you.

70. 再见。

Zàijiàn.

See you then.

课 文

Text

(一)

(打电话　Making a phone call)

A：老师，您好！

Lǎoshī, nín hǎo!

Hello! Teacher.

B：你好，王红。

Nǐ hǎo, Wáng Hóng.

Hello, Wang Hong.

A：我想去拜访您，可以吗？
Wǒ xiǎng qù bàifǎng nín, kěyǐ ma?
I want to pay a visit to you. Is that all right?

B：欢迎。
Huānyíng.
That's all right. You are welcome.

A：您什么时间有空儿？
Nín shénme shíjiān yǒu kòngr.
When will you be free?

B：今天下午和晚上都可以。
Jīntiān xiàwǔ hé wǎnshang dōu kěyǐ.
This afternoon and evening are both OK.

A：我今天晚上去您家。
Wǒ jīntiān wǎnshang qù nín jiā.
I will see you tonight.

B：可以，我等你。
Kěyǐ, wǒ děng nǐ.
All right. I will wait for you.

A：再见！
Zàijiàn!
Goodbye!

B：再见！
Zàijiàn!
See you then!

(二)

A：大卫，我想去拜访老师。

Dàwèi, wǒ xiǎng qù bàifǎng lǎoshī.

David, I want to visit our teacher.

B：我也想去。

Wǒ yě xiǎng qù.

So do I.

A：我们什么时间去？

Wǒmen shénme shíjiān qù?

When should we go?

B：什么时间对老师合适？

Shénme shíjiān duì lǎoshī héshì?

What time is appropriate for the teacher?

A：老师说，晚上她都在家。

Lǎoshī shuō, wǎnshang tā dōu zài jiā.

The teacher says she would be at home in the evening.

B：不行，晚上我有事，我要上课。

Bù xíng, wǎnshang wǒ yǒu shì, wǒ yào shàng kè.

But I have got something to do in the evening. I have to go to class.

A：星期六晚上呢？

Xīngqīliù wǎnshang ne?

What about Saturday night?

B：星期六晚上可以，我没有事。

Xīngqīliù wǎnshang kěyǐ, wǒ méiyǒu shì.

Saturday night would be all right. I'm free.

A：我们七点半走吧？

Wǒmen qī diǎn bàn zǒu ba?

Shall we go at half past seven?

B：好，我在家等你，我们一起走。

Hǎo, wǒ zài jiā děng nǐ, wǒmen yìqǐ zǒu.

All right. I will wait for you at home and then we will go together.

注释 Annotation

1. 对您合适 ***Duì nín héshì***

"对"是一个介词。作用是介绍出动作或行动的对象，也说"对他很客气"、"对他很好"、"对他说"。

"*Duì*" is a preposition to introduce an act or the object of an act, e.g. "*duì tā hěn kèqi*", "*duì tā hěn hǎo*", "*duì tā shuō*".

2. 行和可以 ***Xíng hé kěyǐ***

"行"和"可以"都可以单独回答问题。"行"用于口语，"可以"用于书面语。"可以"还可以用于动词前。如："我可以去拜访吗"

"*Xíng*" and "*kěyǐ*" can be used to answer questions independently. "*Xíng*" is used in oral form while "*kěyǐ*" is used in written form. "*Kěyǐ*" can also be used before verbs, e.g. "*wǒ kěyǐ qù bàifǎng nín ma*"

3. 我想去拜访您，可以吗？　　*Wǒ xiǎng qù bàifǎng nín, kěyǐ ma?*

在一个陈述句的后边加上“可以吗？”也可以构成一种问句，表示征求对方意见。“……，行吗？”“……，好吗？”也可以构成同类疑问句。如：“你再说一遍，行吗？”“我们七点半走，好吗？”

To include “*kěyǐ ma*” after declarative sentences can form a question which is to ask the opinions of the other party. “…，*xíng ma?*”“…*hǎo ma?*” can also form this kind of question. e.g. “*nǐ zài shuō yí biàn, xíng ma?*”“*wǒmen qī diǎn bàn zǒu, hǎo ma?*”.

4. 我们七点半走吧？　　*Wǒmen qī diǎn bàn zǒu ba?*

“吧”是一个语气词，用在句尾表示疑问。和“吗”不同的是，用“吧”时说话人已有基本看法，只是想证实一下。比较：今天是星期日吗？/今天是星期日吧？

“*Ba*” is an auxiliary word that indicates mood, used at the end of sentences to express enquiry. Comparing with “*ma*”, “*ba*” is used when the speaker has got a basic idea and want to make sure. Compare these two sentences: “*jīntiān shì xīngqīrì ma?*”/“*jīntiān shì xīngqīrì ba?*”

练　习

Exercises

1. 读下列对话，并翻译成英文：
Read the following dialogues and translate them into English:

(1) A：王红，你有空吗？
B：有，什么事？
A：我想去银行。
B：今天是星期天，银行不开门。

(2) A：我们去商店，好吗？
B：好。商店远不远？
A：不太远，一会儿就到。
B：我和你一起去。

(3) A：你晚上有事吗？
B：没事。
A：我们一起去拜访老师吧？
B：可以。

(4) A：大卫，你星期天在家吗？
B：在家，欢迎你！
A：什么时间对您合适？
B：下午和晚上都可以。

2. 把下列句子变成疑问句：

Change the following sentences into interrogative sentences:

(1) 今天是星期一。

(2) 现在两点。

(3) 我去商店。

(4) 我想下午去您家。

(5) 我想下午去您家。

(6) 我晚上有空。

(7) 飞机场不太远。

(8) 我们一起去拜访老师。

3. 按下列要求造出疑问句：

Make interrogative sentences according to the following requirements:

(1) 用“吗”

(2) 用“吧”

(3) 用“呢”

(4) 用“还是”

(5) 用“……，可以吗”

(6) 用“是不是”

(7) 用“有没有”

(8) 用“哪儿”

(9) 用“什么”

(8) 用“几”

生词 New Words

1. 想	xiǎng	(动)	think, want
2. 拜访	bàifǎng	(动)	visit
3. 时间	shíjiān	(名)	time
4. 对	duì	(介)	to word
5. 合适	héshì	(形)	suitable
6. 空儿	kòngr	(名)	free
7. 和	hé	(连)	and
8. 行	xíng	(动)	sure, all right
9. 可以	kěyǐ	(动)	can
10. 晚上	wǎnshang	(名)	night
11. 事	shì	(名)	matter
12. 吧	ba	(助)	*particle*
13. 再见	zàijiàn	(动)	see you then, goodbye
14. 欢迎	huānyíng	(动)	welcome
15. 下午	xiàwǔ	(名)	afternoon
16. 家	jiā	(名)	home
17. 一起	yìqǐ	(副)	together

买橘子

To buy tangerines

Sentence Patterns

71. 您要什么？

Nín yào shénme?

May I help you?

72. 您买(一)点儿什么？

Nín mǎi (yì) diǎnr shénme?

What do you want to buy?

73. 我要(买)十个橘子。

Wǒ yào(mǎi) shí ge júzi.

I want (to buy) ten tangerines.

74. 还要别的吗？

Hái yào biéde ma?

Anything else?

75. 还要两盒牛奶和一个面包。

Hái yào liǎng hé niúnǎi hé yí ge miànbāo.

I want two boxes of milk and a loaf of bread.

76. 不要了。

Bú yào le.

No more.

77. 一共多少钱?

Yígòng duōshao qián?

How much?

78. 五块八毛二。

Wǔ kuài bā máo èr.

Five dollars and eighty-two cents.

79. 太贵了。

Tài guì le.

It is too expensive.

80. 不贵,很便宜。

Bú guì, hěn piányi.

It is not expensive. It is very cheap.

课　文
Text

(一)

A:您好,您要点儿什么?

Nín hǎo, nín yào diǎnr shénme?

Hello, may I help you?

B:我要两个面包。

Wǒ yào liǎng ge miànbāo.

I want two loaves of bread.

A:还要别的吗?

Hái yào biéde ma?

Anything else?

B：还要一盒牛奶。一共多少钱？

Hái yào yì hé niúnǎi. Yí gòng duōshao qián?

And a box of milk. How much?

A：请等一下儿，一共六块三毛五。

Qǐng děng yíxiàr, yígòng liù kuài sān máo wǔ.

Please wait a moment. It is six Yuan and thirty-five Jiao altogether.

B：很便宜。

Hěn piányi.

It is very cheap.

A：是的，牛奶和面包都不贵。

Shìde, niúnǎi hé miànbāo dōu bú guì.

Yes, milk and bread are not too expensive.

（二）

A：请问，您要买什么？

Qǐng wèn, nín yào mǎi shénme?

Can I help you?

B：我买橘子和苹果。

Wǒ mǎi júzi hé píngguǒ.

I want some tangerines and apples.

A：您买多少？

Nín mǎi duōshao?

How many do you want to buy?

B：我买五个橘子，五个苹果。

Wǒ mǎi wǔ ge júzi, wǔ ge píngguǒ.

I want to buy five tangerines and five apples.

A：还要别的吗？

Hái yào biéde ma?

Anything else?

B：不要了。

Bú yào le.

No more.

A：一共二十块两毛八。

Yígòng èr shí kuài liǎng máo bā.

It is twenty Yuan and twenty-eight Jiao altogether.

B：太贵了！

Tài guì le.

It is too expensive!

(三) 去商店

Going to the store

今天是星期六，王红不上课。她要去商店，她想买牛奶和面包。她问大卫去不去。

Jīntiān shì xīngqīliù, Wáng Hóng bú shàng kè. Tā yào qù shāngdiàn, tā xiǎng mǎi niúnǎi hé miànbāo. Tā wèn Dàwèi qù bú qù.

Today is Sunday. Wang Hong does not have to go to class. She wants to go to the store. She wants to buy some milk and bread. She asks David if he is going too.

大卫说，他也想去商店，他要买橘子和苹果。商店 8 点 30 开门。现在差一刻九点，他们一起去商店了。

Dàwèi shuō, tā yě xiǎng qù shāngdiàn, tā yào mǎi júzi hé píngguǒ. Shāngdiàn bā diǎn sānshí kāi mén. Xiànzài chà yí kè jiǔ diǎn, tāmen yìqǐ qù shāngdiàn le.

David says he wants to go to the store too. He wants to buy some tangerines and apples. The store opens at half past eight. Now it's a quarter to nine o'clock, they go to the store together.

注释 Annotation

1. 一点儿 *Yidiǎnr*

"一点儿"表示数量少，常在名词前作定语。如"买一点橘子"、"有一点事"。"一点儿"的"一"常常省略，如"买点儿橘子"。

"*Yidiǎnr*" is to express a small quantity, usually used as the attributive before nouns. e.g. "*mǎi yìdiǎn júzi*", "*yǒu yìdiǎnr shì*". "*Yì*" is often left out in "*yìdiǎnr*", e.g. "*mǎi diǎnr júzi*".

2. 还要别的吗？ ***Hái yào biéde ma?***

"别的"是"别的东西"的省略说法。"别的"常用在名词前，如："别的地方"、"别的时间"、"别的商店"。

"*Biéde*" is the elliptical way of saying "*biéde dōngxi*". "*Biéde*" is often used before nouns, e.g. "*biéde dìfāng*" (other places), "*biéde shíjiān*" (other time), "*biéde shāngdiàn*" (other stores).

3. 多少钱 ***Duōshao qián***

"多少"用在名词前，询问数量。如："多少人"、"多少同学"、"多少橘子"。

"*Duōshǎo*" is used before nouns to inquire about quantity. e.g. "*duōshao rén*" (how many people), *duōshao tóngxué*" (how many students), "*duōshao júzi*" (how many tangerines).

4. 五块八毛二 ***Wǔ kuài bā máo èr***

汉语的钱数有两种表达法，"块、毛、分"是口语形式，"元、角、分"是书面形式。最后一位的"毛"或"分"可以省去不说。如"五元八角二分"、"五元八角"常说成"五块八毛二"、"五块八"。

In Chinese there are two ways to express monetary amounts, "*Kuài*、*máo*、*fēn*" is the oral form while "*yuán*、*jiǎo*、*fēn*" is the written form. The last one "*máo*" or "*fēn*" can be left out, e.g. "*wǔ yuán bā jiǎo èr fēn*" and "*wǔ yuán bā jiǎo*" is often said as "*wǔ yuán bā máo èr*", "*wǔ yuán bā*".

5. 是的　　*Shìde*

是个常用语,表示肯定。

"*Shìde*" is a common phrase to express the positive meaning.

1. 选词填空:

Fill in the following blanks with proper word:

也　　都　　还

(1) 我要买面包,他(　　)要买面包。

(2) 单人房间和双人房间(　　)住满了。

(3) 今天我要去银行,(　　)要去商店。

(4) 你(　　)去别的地方吗?

(5) 你住215号,他(　　)住215号,你们(　　)住215号。

(6) 大卫买牛奶,(　　)要面包。

2. 用汉语读出下列钱数:

Read the following monetary amounts in Chinese:

3.80元　　4.07元　　1.32元　　45.52元

10.08元　　9.40元　　0.58元　　21.99元

3. 完成对话:

Complete the following dialogues:

(1) A:你要什么?

B：____________。

A：还要别的吗？

B：____________。

A：三块五毛二。

(2) A：橘子好不好？

B：____________。

A：贵吗？

B：____________。

A：我要一点儿。

生词 New Words

1. 买	mǎi	（动）	buy
2. 一点儿	yìdiǎnr		a little
3. 个	ge	（量）	*measure word*
4. 橘子	júzi	（名）	tangerine
5. 还	hái	（副）	still, also
6. 别的	biéde	（代）	else
7. 盒	hé	（名）	box
8. 牛奶	niúnǎi	（名）	milk
9. 面包	miànbāo	（名）	bread
10. 一共	yígòng	（副）	altogether
11. 多少	duōshǎo	（数）	how much

12. 钱	qián	（名）	money
13. 块(元)	kuài(yuán)	（名）	*yuan*
14. 毛(角)	máo(jiǎo)	（名）	*mao (jiao)*
15. 贵	guì	（形）	expensive
16. 便宜	piányi	（形）	cheap
17. 一下儿	yíxiar		a moment
18. 他们	tāmen	（代）	they

9 下雨了

It is raining

句型 Sentence Patterns

81. 今天天气怎么样?
Jīntiān tiānqì zěnmeyàng?
How about the weather today?

82. 外面冷(热)不冷(热)?
Wàimiàn lěng (rè) bu lěng (rè)?
Is it cold (hot) out side?

83. 今天天气很好。
Jīntiān tiānqì hěn hǎo.
The weather is very good today.

84. 今天是晴天,太阳很好。
Jīntiān shì qíngtiān, tàiyáng hěn hǎo.
It is sunny today. The sun is bright.

85. 今天是阴天,要下雨了。
Jīntiān shì yīntiān, yào xià yǔ le.
It is cloudy today. It is going to rain.

86. 外面下雨了。
Wàimiàn xià yǔ le.

It is raining outside.

87. 刮风了。

Guā fēng le.

The wind is blowing.

88. 风特别大。

Fēng tèbié dà.

The wind is very strong.

89. 今天冷极了。

Jīntiān lěng jí le.

It is extremely cold today.

90. 不冷也不热。

Bù lěng yě bú rè.

Not too cold and not too hot.

课 文

Text

(一)

A：今天天气怎么样？

Jīntiān tiānqì zěnmeyàng?

How about the weather today?

B：很好，不冷也不热。

Hěn hǎo, bù lěng yě bú rè.

Very good, not too cold and not too hot.

A：有风吗？

Yǒu fēng ma?

Is there any wind?

B：没有风，太阳好极了。

Méiyǒu fēng, tàiyáng hǎo jí le.

There is no wind. The sun is bright.

A：太好了！我们一起去商店吧。

Tài hǎo le! Wǒmen yìqǐ qù shāngdiàn ba.

Great! Let's go to the store together.

B：好。

Hǎo.

All right.

（二）

A：外面下雨了吗？

Wàimiàn xià yǔ le ma?

Is it raining outside?

B：是的，下雨了。

Shìde, xià yǔ le.

Yes, it is raining.

A：雨大吗？

Yǔ dà ma?

Is it heavy?

B：雨特别大。

Yǔ tèbié dà.

Yes, it's very heavy.

A：也刮风了吧？

Yě guā fēng le ba?

Is the wind blowing too?

B：也刮风了，风也特别大。

Yě guā fēng le, fēng yě tèbié dà.

Yes, and it is very strong.

(二) 天气不好

The weather is not good

今天天气不太好，是个阴天，下雨了，也刮风了。雨特别大，风也特别大。冷极了。

Jīntiān tiānqì bú tài hǎo, shì ge yīntiān, xià yǔ le, yě guā fēng le. Yǔ tèbié dà, fēng yě tèbié dà. Lěng jí le.

The weather is not so good today. It is a cloudy day. It is raining and the wind is blowing too. It is raining heavily and the wind is so strong. It is extremely cold outside.

王红想去拜访老师，大卫说，"外面下雨了，晚上再去吧。"王红说："好，现在我们在家看书。"

Wáng Hóng xiǎng qù bàifǎng lǎoshī, Dàwèi shuō: "Wàimian xià yǔ le, wǎnshang zài qù ba." Wáng Hóng shuō: "Hǎo, xiànzài wǒmen zài jiā dú shū."

Wang Hong wants to visit her teacher. David says: "It is raining outside, why not go in the evening?" Wang Hong says: "All right. Let us stay at home reading now."

注释

Annotation

1. 怎么样　　*Zěnmeyàng*

是常用的疑问词之一，用来提问。

"*Zěnmeyàng*" is one of the commonly used interrogative words.

Example:

你的房间怎么样？　　How is your room?

这个商店怎么样？　　How is the store?

你们的老师怎么样？　　How is your teacher?

天气怎么样？　　How is the weather?

2. 要下雨了　　*Yào xià yǔ le*

"要……了"表示动作将要发生。

"*Yào…le*" indicates that the action is going to take place or happen.

Example:

要下雨了　　It is going to rain.

要刮风了　　The wind is going to blow.

要上课了　　The class is going to start.

要开门了　　The door is going to be opened.

3. 冷极了　　*Lěng jí le*

"形容词 + 极了"，表示程度很高。

"Adjective + *jí le*", expresses that the degree or level is very high. "*Jí le*" means to the extreme.

Example:

热极了　　　　It is extremely hot.

远极了　　　　It is extremely far.

贵极了　　　　It is extremely expensive.

练习 Exercises

1. 完成对话：

Complete the following dialogues:

(1) A：今天天气好不好？

B：＿＿＿＿＿＿＿＿＿＿。

A：风大吗？

B：＿＿＿＿＿＿＿＿＿＿。

(2) A：外面下雨了吧？

B：＿＿＿＿＿＿＿＿＿＿。

A：冷不冷？

B：＿＿＿＿＿＿＿＿＿＿。

(3) A：＿＿＿＿＿＿＿＿＿＿。

B：很好，不冷也不热。

A：＿＿＿＿＿＿＿＿＿＿。

B：没有风。

(4) A：＿＿＿＿＿＿＿＿＿＿。

B：是的，外面刮风了。

A：＿＿＿＿＿＿＿＿＿＿。

B：风大极了。

2. 完成对话：

Fill in the following blanks with the proper word:

(1) 这个商店的苹果________极了。

a. 热　b. 贵　c. 远　d. 合适

(2) 今天天气不太好，风________极了。

a. 冷　b. 好　c. 大　d. 热

(3) 今天是阴天，要________了。

a. 刮风　b. 热　c. 下雨　d. 好

生词 New Words

1. 天气	tiānqì	(名)	weather
2. 怎么样	zěnmeyàng	(代)	a little
3. 外面	wàimiàn	(名)	outside
4. 冷	lěng	(形)	cold
5. 热	rè	(形)	hot
6. 晴天	qíngtiān	(名)	sunny day
7. 太阳	tàiyáng	(名)	sun
8. 阴天	yīntiān	(名)	cloudy day
9. 要	yào	(助动)	be going to
10. 下(雨)	xià(yǔ)	(动)	to rain

11. 刮	guā	（动）	blow
12. 风	fēng	（名）	wind
13. 特别	tèbié	（形）	particularly
14. 大	dà	（形）	strong
15. 极	jí	（副）	extremely

10 我头疼

I have a headache

句型

Sentence Patterns

91. 你身体怎么样?

Nǐ shēntǐ zěnmeyàng?

How is your health?

92. 他身体很好,什么病也没有。

Tā shēntǐ hěn hǎo, shénme bìng yě méiyǒu.

He is very healthy. He has got no illness.

93. 他很健康。

Tā hěn jiànkāng.

He is very healthy.

94. 她身体很不错。

Tā shēntǐ hěn búcuò.

Her health is not bad.

95. 我不太舒服。

Wǒ bú tài shūfu.

I am not feeling very well.

96. 我感冒了,头很疼。

Wǒ gǎnmào le, tóu hěn téng.

I have got a flu. My head hurts badly.

97. 他病了。

Tā bìng le.

He is sick.

98. 我肚子有点儿疼。

Wǒ dùzi yǒudiǎnr téng.

I have got a slight stomachache.

99. 你应该去医院。

Nǐ yīnggāi qù yīyuàn.

You should go to the hospital.

100. 我需要休息。

Wǒ xūyào xiūxi.

I need a rest.

课 文

Text

(一)

A：老王，你身体怎么样？

Lǎo Wáng, nǐ shēntǐ zěnmeyàng?

Lao Wang, how are you?

B：我身体很好，什么病也没有。你呢？

Wǒ shēntǐ hěn hǎo, shénme bìng yě méiyǒu. Nǐ ne?

I'm very well. I've got no illness. How about you?

A：我身体也不错。

Wǒ shentǐ yě búcuò.

My health is not bad either.

B：外面下雨了，天气很冷。

Wàimian xià yǔ le, tiānqì hěn lěng.

It is raining outside. It is very cold.

A：是，今天特别冷。

Shì, jīntiān tèbié lěng.

Yes, it's extremely cold today.

B：你不舒服吗？

Nǐ bù shūfu ma?

Something wrong with you?

A：不，没有。

Bù, méiyǒu.

No, I'm alright.

（二）

A：你是不是不舒服？

Nǐ shì bu shì bù shūfu?

Are you OK?

B：我有点儿头疼。

Wǒ yǒu diǎnr tóu téng.

I have got a slight headache.

A：你病了吧？今天冷极了。

Nǐ bìng le ba? Jīntiān lěng jí le.

Are you sick? Today is extremely cold.

B：是的，我有点儿感冒。

Shìde, wǒ yǒudiǎnr gǎnmào.

Yes, I have got a cold.

A：你应该去医院，你需要休息。

Nǐ yīnggāi qù yīyuàn, nǐ xūyào xiūxi.

You should go to the hospital and you need a rest.

B：谢谢！我等一会儿就去。

Xièxie! wǒ děng yíhuìr jiù qù.

Thank you! I will go in a while.

(三) 我病了

I am sick

我身体很健康，什么病也没有。可是今天我有点儿不舒服，头很疼，肚子也有点儿疼。我病了，感冒了。老师说，我应该去医院。我说，我不去医院，我需要休息。

Wǒ shēntǐ hěn jiànkāng, shénme bìng yě méiyǒu. Kěshì jīntiān wǒ yǒudiǎnr bù shūfu, tóu hěn téng, dùzi yě yǒudiǎnr téng. Wǒ bìng le, gǎnmào le. Lǎoshī shuō, wǒ yīnggāi qù yīyuàn. Wǒ shuō, wǒ bú qù yīyuàn, wǒ xūyào xiūxi.

I am very healthy. I have got no illness. However, I am not feeling very well today, my head hurts badly, my stomach is aching slightly. I am sick with a flu. My teacher says, I should go to the hospital. I say, I do not want to go to the hospital. I need a rest.

注释 Annotation

1. 什么病也没有　*Shénme bìng yě méiyǒu*

"什么……也"强调全部如此,没有例外,常用在否定句中。如果是肯定句,用"什么……都"句型。如:"你什么时间来都行。"

"*Shénme…yě*" emphasizes all are the same and there is no exception, usually used in negative sentences. A positive sentence uses "*shénme…dōu*", e.g. "*nǐ shénme shíjiān lái dōu xíng*".

2. 有点儿　*Yǒudiǎnr*

常用在形容词、动词前边,表示程度轻。"有点儿"也说成"有一点儿"。例如:"有点儿远"、"有点儿贵"、"有一点儿疼"。

"*Yǒudiǎnr*" is often used before adjectives or verbs meaning a little, slightly. "*Yǒudiǎnr*" can also be said as "*yǒu yì diǎnr*". Examples:"*yǒudiǎnr yuǎn*" (it is slightly far) "*yǒudiǎnr guì*" (it is slightly expensive), "*yǒu yìdiǎnr téng*" (it hurts slightly).

3. 应该 *Yīnggāi*

"应该"是一个助动词,后面要加动词或动词性词组。

"*Yīnggāi*" is an auxiliary verb. It should be followed by verbs or verbal phrases.

Example:

应该去商店	should go to store
应该跟我走	should follow me
应该往右拐	should turn to the right

练习 Exercises

1. 用线段连接合适的词组:

Connect the suitable phrases together:

A. 外面下雨了	有点儿贵
去飞机场	天气有点儿冷
他感冒了	有点儿头疼
双人房间	有点儿远
B. 去银行	应该去医院
快八点了	应该去拜访老师
今天是星期六	我应该去上课了
我有点儿头疼	应该往左拐

2. 翻译：

Translate the following sentences into Chinese:

(1) Lao Wang is very healthy. He has got no illness.

(2) I am not feeling very well today. I do not want to go any where.

(3) Sorry, there is no room available now.

(4) I am free on Sunday. You can come at any time.

(5) He buys some books.

3. 用下面的词语写一段话：

Write a passage with the following words:

身体　　健康　　不舒服　　感冒　　头　　疼

医院　　需要　　休息

1. 身体	shēntǐ	(名)	body
2. 病	bìng	(动)	sick
3. 健康	jiànkāng	(形)	healthy
4. 不错	búcuò	(形)	no too bad
5. 舒服	shūfu	(形)	comfortable; feel well
6. 感冒	gǎnmào	(动)	flu, influenz
7. 头	tóu	(名)	head
8. 疼	téng	(动)	hurt

9. 有点儿	yǒu diǎnr		slightly, a little
10. 肚子	dùzi	（名）	stomach
11. 应该	yīnggāi	（动）	should
12. 医院	yīyuàn	（名）	hospital
13. 需要	xūyào	（动）	need
14. 休息	xiūxi	（动）	rest
15. 可是	kěshì	（连）	however
16. 老王	Lǎo Wáng		Lao Wang

喝 茶

Drinking tea

Sentence Patterns

101. 请喝茶!

Qǐng hē chá.

Please have a cup of tea.

102. 我喜欢喝啤酒。

Wǒ xǐhuan hē píjiǔ.

I like to drink beer.

103. 喝一杯绿茶吧。

Hē yì bēi lǜchá ba.

Take a cup of green tea.

104. 加一点糖吧!

Jiā yìdiǎnr táng ba.

Add a little sugar.

105. 喝茶对身体很好

Hē chá duì shēntǐ hěn hǎo.

Drinking tea is good to health.

106. 要一杯咖啡,淡一点儿。

Yào yì bēi kāfēi, dàn yìdiǎnr.

I want a cup of coffee, lighter please.

107. 我喝了茶就不舒服。

Wǒ hē le chá jiù bù shūfu.

I feel uncomfortable after drinking tea.

108. 我试试。

Wǒ shìshi.

I would try.

109. 浓的、淡的我都不喜欢。

Nóng de, dàn de wǒ dōu bù xǐhuan.

I like neither thick nor light tea.

110. 花茶很香,很好喝。

Huāchá hěn xiāng, hěn hǎo hē.

Scented tea is very fragrant, and it is very nice to drink.

课 文

Text

(一) 请朋友喝茶

(在朋友家作客 To be a guest at a friend's home)

A: 你喝点儿什么?

Nǐ hē diǎnr shénme?

What would you like to drink?

B: 我喜欢喝茶。

Wǒ xǐhuan hē chá.

I like tea.

A：喝什么茶？红茶、绿茶还是花茶？

Hē shénme chá, hóngchá, lǜchá háishi huāchá?

What kind of tea would you like? Black tea, green tea or scented tea?

B：喝一杯红茶吧。

Hē yì bēi hóngchá ba.

I would like a cup of black tea.

A：喝红茶应该加糖。

Hē hóngchá yīnggāi jiā táng.

Black tea is to drink with some sugar.

B：不，我不喜欢喝甜茶。

Bù, wǒ bù xǐhuan hē tián chá.

No, I do not like to drink with sugar.

A：牛奶呢？

Niúnǎi ne?

What about milk?

B：牛奶要一点儿。

Niúnǎi yào yìdiǎnr.

Yes, a little milk please.

(二)

A：请喝茶！

Qǐng hē chá.

Please have some tea!

B：对不起，我不喜欢喝茶。

Duìbuqǐ, wǒ bù xǐhuan hē chá.

Sorry, I do not like tea.

A：什么茶也不喜欢吗?

Shénme chá yě bù xǐhuan ma?

Do you dislike any tea?

B：是的，我什么茶也不喝。

Shìde, wǒ shénme chá yě bù hē.

Yes, I do not drink any tea.

A：你知道吗，喝茶对身体很好。

Nǐ zhīdào ma, hē chá duì shēntǐ hěn hǎo.

You know, drinking tea is good for your health.

B：我知道。可是，我喝了茶就不舒服，头疼。

Wǒ zhīdào. Kěshì, wǒ hēle chá jiù bù shūfu, tóu téng.

I know. However, I would feel uncomfortable after drinking tea. My head hurts.

A：是不是太浓了？淡一点儿就好了。

Shì bu shì tài nóng le? Dàn yìdiǎnr jiù hǎo le.

Is the tea too thick? Lighter would be better.

B：是吗？我试试。

Shì ma? wǒ shìshi.

Is it true? I would try.

A：这杯是茶，那杯是咖啡。

Zhè bēi shì chá, nà bēi shì kāfēi.

This is tea. That is coffee.

B：谢谢，我要这杯。

Xièxie, wǒ yào zhè bēi.

Thank you. I want this one.

(二) 喝茶

Drinking Tea

我喜欢喝茶，红茶、绿茶、花茶，什么茶都喜欢。我特别喜欢喝绿茶。绿茶很香，很好喝。我不喜欢喝咖啡，浓的、淡的、加糖的、不加糖的，有牛奶的、没有牛奶的，什么咖啡我都不喝。我喝了咖啡就不舒服，就头疼。你呢？喜欢喝什么？茶、咖啡，还是啤酒？

Wǒ xǐhuan hē chá, hóngchá, lǜchá,huāchá, shénme chá dōu xǐhuan. Wǒ tèbié xǐhuan hē lǜchá. Lǜchá hěn xiāng, hěn hǎo hē. Wǒ bù xǐhuan hē kāfēi, nóng de, dàn de, jiā táng de, bù jiā táng de, yǒu niúnǎi de, méiyǒu niúnǎi de, shénme kāfēi wǒ dōu bù hē. Wǒ hē le kāfēi jiù bù shūfu, jiù tóu téng. Nǐ ne? Xǐhuan hē shénme? Chá, kāfēi, háishi píjiǔ?

I like tea, any kind of tea such as black tea, green tea, and scented tea. I particularly like to drink green tea. Green tea is very fragrant and very nice to drink. I do not like to drink coffee, any kind of coffee no matter thick or light, with or without sugar, with or without milk. I would feel uncomfortable when I drink coffee. My head hurts. What about you? What do you like to drink? Do you like to drink tea, coffee or beer?

注释

Annotation

1. 喝一杯茶吧！　　*Hē yì bēi chá ba!*

语气词"吧"用在句尾，除表示疑问外，也可以表示商量、请求的语气。

An auxiliary word that indicates mood, "*ba*" is used at the end of a sentence, to express enquiry as well as moods of negotiation or request.

2. 淡一点儿　　*Dàn yìdiǎnr*

"一点儿"也可以用在形容词后，表示程度。

"*Dàn yìdiǎnr*" can be used after adjectives to express degree or level.

3. 我试试　　*Wǒ shìshi*

"试试"是动词"试"的重叠式，表示动作短暂、轻松。

"*Shìshi*" is the reduplicated form of the verb "*shì*", indicating that the movements are brief and light.

Example:

等等	*děngdeng*	wait for a while
想想	*xiǎngxiang*	think for a while
看看	*kànkan*	have a look

4. 浓的、淡的　　*Nóng de, dàn de*

"浓的、淡的"意思是"浓的茶、淡的茶"。助词"的"可以加在名词、动词、形容词及各种词组后面，和前面的成分一起指代事物。

如：

名词 + 的	这杯茶是教师的
动词 + 的	我要一点儿喝的
形容词 + 的	我不喜欢喝浓的
词组 + 的	加糖的

The meaning of "*nóng de*", "*dàn de*" is "*nóng de chá, dàn de chá*". In Chinese the particle "*de*" can be added after nouns, verbs, adjectives and phrases to identify something.

Example:

noun + *de*	(This cup of tea is the teacher's.)
verb + *de*	(I want something to drink.)
adjective + *de*	(I do not like drinking thick ones.)
word phrase + *de*	(those with sugar added)

练习 Exercises

1. 完成对话：

Complete the following dialogues:

(1) A：你要茶还是咖啡？

B：________________。

A：浓一点儿的还是淡一点儿的？

B：________________。

A：加糖吗？

B：不，＿＿＿＿＿＿＿＿＿＿。

(2) A：要咖啡吗？

B：不，＿＿＿＿＿＿＿＿＿＿。

A：你要喝什么？

B：＿＿＿＿＿＿＿＿＿＿＿。

A：喝啤酒对身体不好。

B：＿＿＿＿＿＿＿＿＿＿＿。

2. 选词填空：

Fill in the following blanks with proper word:

问问　　试试　　喝喝　　读读　　等等

休息休息　　做做

(1) 这杯茶特别香，你(　　　)。

(2) 我要(　　　)老师，去商店怎么走。

(3) 你们(　　　)我，我一会儿就跟你们走。

(4) 你应该(　　　)喝茶，喝茶对身体有好处。

(5) 我身体不太舒服，想在家(　　　)。

(6) 外面下雨了，我什么地方也不想去，我要在家(　　　)生词、(　　　)练习、(　　　)茶(　　　)。

生词 New Words

1. 喝　hē　(动)　drink
2. 茶　chá　(名)　tea

3. 喜欢	xǐhuan	（动）	like
4. 啤酒	píjiǔ	（名）	beer
5. 加	jiā	（动）	add
6. 糖	táng	（名）	sugar
7. 杯	bēi	（名）	cup
8. 咖啡	kāfēi	（名）	coffee
9. 淡	dàn	（形）	light
10. 试	shì	（动）	try
11. 浓	nóng	（形）	thick
12. 花	huā	（名）	flower
花茶	huāchá	（名）	scented tea
13. 香	xiāng	（形）	fragrant
14. 红	hóng	（形）	red
红茶	hóngchá	（名）	red tea
15. 绿	lǜ	（形）	green
绿茶	lǜchá	（名）	green tea
16. 甜	tián	（形）	sweet
17. 知道	zhīdao	（动）	know
18. 那	nà	（代）	that

星期天干什么

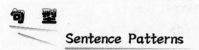

What are you doing on Sunday?

Sentence Patterns

111. 你在干什么？
Nǐ zài gàn shénme?
What are you doing?

112. 我正在看一本书。
Wǒ zhèngzài kàn yì běn shū.
I am reading a book.

113. 星期天你打算干什么？
Xīngqītiān nǐ dǎsuàn gàn shénme?
What do you plan to do on Sunday?

114. 我想去参观美术馆。
Wǒ xiǎng qù cānguān měishùguǎn.
I would like to visit the Art Museum.

115. 我打算去拜访一位朋友。
Wǒ dǎsuàn qù bàifǎng yí wèi péngyou.
I plan to visit a friend.

116. 我先去商店，然后去参观博物馆。

Wǒ xiān qù shāngdiàn, ránhòu qù cānguān bówùguǎn.

I would first go to the store, then visit the museum.

117. 那我们一起去吧！

Nà wǒmen yìqǐ qù ba!

Then let's go together!

118. 我还不知道做什么。

Wǒ hái bù zhīdao zuò shénme.

I have no idea of what to do.

119. 美术馆很有意思。

Měishùguǎn hěn yǒu yìsi.

The Art Museum is very interesting.

120. 一点儿意思也没有。

Yìdiǎnr yìsi yě méiyǒu.

It is not interesting at all.

课 文
Text

(一)

A：王红，你在干什么？

Wáng Hóng, nǐ zài gàn shénme?

Wang Hong, what are you doing?

B：我正在看一本书。

Wǒ zhèngzài kàn yì běn shū.

I am reading a book.

A：有意思吗？

Yǒu yìsi ma?

Is it interesting?

B：不太有意思。

Bú tài yǒu yìsi.

It is not very interesting.

A：今天天气很好，我们一起去参观美术馆吧！

Jīntiān tiānqì hěn hǎo, wǒmen yìqǐ qù cānguān měishùguǎn ba!

The weather today is very good. Let's visit the Art Museum together!

B：好，几点走？

Hǎo, jǐ diǎn zǒu?

All right. When do we set off?

A：现在就去，怎么样？

Xiànzài jiù qù, zěnmeyàng?

Why not go now?

B：行，你等我一会儿。

Xíng, nǐ děng wǒ yíhuìr.

OK. Please wait me for a while.

（二）

A：明天是星期天，你打算做什么？

Míngtiān shì xīngqītiān, nǐ dǎsuàn zuò shénme?

Tomorrow is Sunday. What do you plan to do?

B：我要在家看书、做练习。你呢？

Wǒ yào zài jiā kàn shū, zuò liànxí. Nǐ ne?

I want to read and do some exercises at home. What about you?

A：在家一点儿意思也没有，我要出去。

Zài jiā yìdiǎnr yìsi yě méiyǒu, wǒ yào chūqù.

It is not interesting at all to stay at home. I want to go out.

B：你去什么地方？

Nǐ qù shénme dìfang?

Where do you want to go?

A：我先去商店买一点儿橘子跟苹果，然后去看一位朋友。

Wǒ xiān qù shāngdiàn mǎi yìdiǎnr júzi gēn píngguǒ,ránhòu qù kàn yí wèi péngyou.

I would first go to the store to buy some tangerines and apples, and then go to see a friend.

B：我需要买牛奶和面包，我跟你一起去商店，行吗？

Wǒ xūyào mǎi niúnǎi hé miànbāo, wǒ gēn nǐ yìqǐ qù shāngdiàn, xíng ma?

I need to buy some milk and bread. Is it all right for me to go to the store with you?

A：对不起，王红说她要和我一起去。

Duìbuqǐ, Wáng Hóng shuō tā yào hé wǒ yìqǐ qù.

Sorry, Wang Hong says she wants to go with me.

B：那我不去了。

Nà wǒ bú qù le.

I will not go then.

（三）你喜欢干什么？

What do you like to do?

我喜欢在家，不喜欢出去。星期天我要在家喝茶，看看书，休息休息。王红呢，喜欢出去，不喜欢在家。她说在家一点儿意思也没有。星期天她要去商店，要去参观美术馆、博物馆，还要去拜访朋友。她喜欢跟朋友一起喝啤酒。你星期天喜欢做什么？

Wǒ xǐhuan zài jiā, bù xǐhuan chūqù. Xīngqītiān wǒ yào zài jiā hē chá, kànkan shū, xiūxi xiūxi. Wáng Hóng ne, xǐhuan chūqù, bù xǐhuan zài jiā. Tā shuō zài jiā yìdiǎnr yìsi yě méiyǒu. Xīngqītiān tā yào qù shāngdiàn, yào qù cānguān měishùguǎn, bówùguǎn, hái yào qù bàifǎng péngyou. Tā xǐhuan gēn péngyou yìqǐ hē píjiǔ. Nǐ xīngqītiān xǐhuan zuò shénme?

I like to stay at home instead of going out. I want to stay at home to drink tea, read and rest on Sunday. As to Wang Hong, she likes to go out instead of staying at home. She says it is not interesting at all to stay at home. On Sunday, she wants to go to the store, to visit the art museum, and to visit friends. She likes to drink beer with her friends. What do you like to do on Sunday?

注 释 Annotation

1. 在、正在 *Zài, zhèngzài*

副词"在、正在"表示现在正在进行。如"外面正在下雨"、"我在喝茶"。

"*zài*", "*zhèngzài*" are adverbs to express the continuous tense or the movements are still going on, e.g. "*wàimiàn zhèngzài xià yǔ*" (It is raining outside), "*wǒ zài hē chá*"(I am drinking tea).

2. 还 *Hái*

"还"有两个意思,一个意思是"再",如"我还要一杯"。另一种意思是"仍然",如"我还不明白,请再说一遍"。

"*Hái*" has got two meanings. One is "*zài*", e.g."*wǒ hái yào yì bēi*" (I want another cup). The other is "*réngrán*", e.g. "*wǒ hái bù míngbái, qǐng zài shuō yí biàn*" (I still do not understand, please repeat.)

3. 先……然后 ***Xiān …ránhòu***

这个句型表示动作发生的先后顺序。

"*Xiān …ránhòu*" this sentence pattern indicates the order of the movements taking place.

4. 那我们一起去吧! ***Nà wǒmen yìqǐ qù ba!***

"那"除了有代词的意义外,还是连词,表示顺着上文的意思说出一个看法、建议。

Other than a pronoun, "*nà*" is a conjunction too, indicating a perspective suggestion according to the content of the prementioned message.

5. 一点儿意思也没有 ***Yìdiǎnr yìsi yě méiyǒu***

这是一个强调句型,强调程度很高,肯定式是"有意思"。

This is an emphasis sentence pattern. The degree or level of emphasizing is very high. The affirmative form is "*yǒu yìsi*".

Examples:

有钱	have got money
一点钱也没有	have got no money
有时间	have got time
一点时间也没有	have got no time

6. 和、跟 ***Hé, gēn***

这两个词既是连词,也是介词。

These two words are not only conjunctions, but also prepositions.

练习 Exercises

1. 填上正确的量词：

Fill in the blanks with proper measure words:

间　　位　　本　　杯　　盒　　个

一(　)朋友　　一(　)啤酒　　一(　)房间

一(　)牛奶　　一(　)茶　　一(　)老师

一(　)苹果　　一(　)书　　一(　)橘子

一(　)银行

2. 用指定词回答问题：

Answer the questions with the given words:

(1) 你在干什么？　(在)

(2) 他在干什么？　(正在)

(3) 你打算去哪儿？　(先……，然后……)

(4) 美术馆有意思吗？　(没有)

(5) 我们一起去吗？　(不，和)

(6) 你现在有时间吗？　(没有)

(7) 你跟他一起走吗？　(对，跟)

(8) 晚上你做什么？　(还)

3. 用下面的词语写一段话：

Write a passage with the following words:

星期天　　打算　　在家　　出去　　先　　然后

博物馆　　商店　　买　　朋友

生词 New Words

1. 在	zài	(动、介)	be; in
2. 干	gàn	(动)	do
3. 正在	zhèngzài	(副)	in the process of
4. 看	kàn	(动)	look
5. 本	běn	(量)	*measure word*
6. 打算	dǎsuàn	(动)	plan
7. 参观	cānguān	(动)	visit
8. 美术馆	měishùguǎn	(名)	art museum
9. 位	wèi	(量)	*measure word*
10. 朋友	péngyou	(名)	friend
11. 先	xiān	(形)	first
12. 然后	ránhòu	(连)	then
13. 博物馆	bówùguǎn	(名)	museum
14. 有意思	yǒu yìsi		interesting
15. 意思	yìsi	(名)	interest
16. 出去	chūqù	(动)	go out

我喜欢古典音乐

I like classical music

句型 Sentence Patterns

121. 我很喜欢音乐。

Wǒ hěn xǐhuan yīnyuè.

I like music very much.

122. 我比较喜欢古典音乐。

Wǒ bǐjiào xǐhuan gǔdiǎn yīnyuè.

I prefer classical music.

123. 我一点儿也不喜欢流行音乐。

Wǒ yīdiǎnr yě bù xǐhuan liúxíng yīnyuè.

I do not like pop music at all.

124. 听音乐是一种享受。

Tīng yīnyuè shì yì zhǒng xiǎngshòu.

It is a kind of enjoyment to listen to music.

125. 你最爱听哪种音乐?

Nǐ zuì ài tīng nǎ zhǒng yīnyuè?

What kind of music do you like best?

126. 我最爱听钢琴曲。

Wǒ zuì ài tīng gāngqín qǔ.

I like to listen to piano tunes.

127. 你会弹钢琴吗？

Nǐ huì tán gāngqín ma?

Do you know how to play the piano?

128. 我学过弹钢琴，可是弹得不好。

Wǒ xuéguo tán gāngqín, kěshì tán de bù hǎo.

I have learnt to play the piano, however, I do not play very well.

129. 你经常去听音乐会吗？

Nǐ jīngcháng qù tīng yīnyuèhuì ma?

Do you often go to the concerts?

130. 每个星期六晚上都去。

Měi gè xīngqīliù wǎnshang dōu qù.

I would go every Saturday evening.

课　文

Text

(一)

A：你喜欢音乐吗？

Nǐ xǐhuan yīnyuè ma?

Do you like music?

B：我很喜欢音乐。

Wǒ hěn xǐhuan yīnyuè.

I like music very much.

A：你喜欢哪种音乐？古典音乐还是流行音乐？

Nǐ xǐhuan nǎ zhǒng yīnyuè? Gǔdiǎn yīnyuè háishi liúxíng yīnyuè?

What kind of music do you like? Classical music or pop music?

B：我比较喜欢流行音乐。

Wǒ bǐjiào xǐhuan liúxíng yīnyuè.

I prefer pop music.

A：我比较喜欢古典音乐。

Wǒ bǐjiào xǐhuan gǔdiǎn yīnyuè.

I like classical music better.

B：那你经常去听音乐会吧？

Nà nǐ jīngcháng qù tīng yīnyuèhuì ba?

Do you often go to the concerts?

A：是，每个星期六晚上都去。

Shì, měi ge xīngqīliù wǎnshang dōu qù.

Yes, I would go every Saturday night.

(二)

A：你最爱听哪种音乐？

Nǐ zuì ài tīng nǎ zhǒng yīnyuè?

What kind of music do you like best?

B：我最爱听钢琴曲。

Wǒ zuì ài tīng gāngqín qǔ.

I love listening to piano tunes.

A：我也喜欢听钢琴曲，那是一种享受。

Wǒ yě xǐhuan tīng gāngqín qǔ, nà shì yìzhǒng xiǎngshòu.

I like to listen to piano tunes too. That is a kind of enjoyment.

B：你会弹钢琴吗？

Nǐ huì tán gāngqín ma?

Do you know how to play the piano?

A：不，我一点儿也不会弹。你呢？

Bù, wǒ yìdiǎnr yě bú huì tán. Nǐ ne?

No, I can not at all. What about you?

B：我会一点儿，我学过弹钢琴，可是弹得不好。

Wǒ huì yìdiǎnr, wǒ xuéguo tán gāngqín, kěshì tán de bù hǎo.

I can play a little. I have learnt to play the piano. However, I do not play very well.

(三) 我同意了

I agree

我和大卫都喜欢音乐。今天是星期六，我们没有别的事，打算一起去听音乐会。可是大卫喜欢流行音乐，不喜欢古典音乐。我呢，一点儿也不喜欢流行音乐，我喜欢古典音乐。我们不知道应该去哪个音乐会。大卫说，听音乐是一种享受，听不喜欢的音乐没意思，我们不要一起去了！我同意了。

Wǒ hé Dàwèi dōu xǐhuan yīnyuè. Jīntiān shì xīngqīliù, wǒmen méiyǒu biéde shì, dǎsuàn yìqǐ qù tīng yīnyuèhuì. Kěshì Dàwèi xǐhuan liúxíng yīnyuè, bù xǐhuan gǔdiǎn yīnyuè. Wǒ ne, yìdiǎnr yě bù xǐhuan liúxíng yīnyuè, wǒ xǐhuan gǔdiǎn yīnyuè. Wǒmen bù zhīdao yīnggāi qù nǎ ge yīnyuèhuì. Dàwèi shuō, tīng yīnyuè shì yì zhǒng xiǎngshòu, tīng bù xǐhuan de yīnyuè méi yìsi, wǒmen bú yào yìqǐ qù le! Wǒ tóngyì le.

Both David and I like music. Today is Saturday. We have got nothing special on, so we plan to go to the concert together. However, David likes pop music. He does not like classical music. As for me, I do not like pop music at all. I like classical music. We do not know which concert to go to. David says, Listening to music is a kind of enjoyment. Listening to music which one does not like would be meaningless, so we should not go together! I agree with him.

注释 Annotation

1. 学过弹钢琴 ***Xuéguò tán gāngqín***

"过"是一个时态助词,放在动词后表示有某种经历。

"*Guò*" is an aspectual particle, which is placed after verbs to express the experience, like past tense or perfect tense.

Examples:

(我)去过飞机场	(I have) been to the airport.
(他)听过音乐会	(He has) been to the concert.
(他们)拜访过老师	(They have) visited the teacher.

2. 弹得不好 ***Tán de bù hǎo***

结构助词"得"后的成分补充说明前边的动词怎么样。肯定式有"弹得好"、"弹得比较好"、"弹得特别好"等。

The elements after the structural particle "*de*" further illustrate how the verb is used. The affirmative forms are: "*tán de hǎo*"(play well), "*tán de bǐjiào hǎo*" (play better), "*tán de tèbié hǎo*" (play the best) etc.

3. 每个星期六晚上都去 ***Měi gè xīngqīliù wǎnshang dōu qù***

"每……都……"常在一起用,强调没有例外。

"*Měi…dōu…*" is often used together, emphasizing that no exception is allowed.

练习 Exercises

1. 完成对话：

Complete the following dialogues:

(1) A：晚上你打算干什么？

B：________。

A：你喜欢听哪种音乐？

B：________。

A：你经常听音乐会吗？

B：________。

(2) A：你会弹钢琴吗？

B：________。

A：你的钢琴弹得怎么样？

B：________。你呢？

A：我不会弹钢琴，我没学过。

2. 翻译：

Translation:

(1) I love listening to classical music.

(2) He plays the piano extremely well.

(3) All of us visit the museum every Sunday.

(4) I have read every book.

(5) Every teacher likes to drink tea.

(6) Have you been to the airport?

(7) Have you visited the Art Museum?

3. 把下面的句子按正确的顺序排列：

Put the following sentences in correct order:

(1) 他们不知道应该去哪个音乐会。

(2) 星期天晚上，他们打算一起去听音乐会。

(3) 可是，王红喜欢流行音乐。

(4) 王红和大卫都喜欢音乐。

(5) 大卫喜欢古典音乐。

1. 音乐	yīnyuè	（名）	music
音乐会	yīnyuèhuì	（名）	concert
2. 比较	bǐjiào	（动、副）	rather
3. 古典	gǔdiǎn	（名）	classical
4. 流行	liúxíng	（动）	popular
5. 听	tīng	（动）	listen
6. 种	zhǒng	（量）	kind, type
7. 享受	xiǎngshòu	（动、名）	enjoy (ment)
8. 最	zuì	（副）	most; best
9. 爱	ài	（动）	love
10. 哪	nǎ	（代）	which
11. 钢琴	gāngqín	（名）	piano
12. 曲	qǔ	（名）	tune
13. 会	huì	（动）	know

14. 弹	tán	（动）	play
15. 学	xué	（名）	learn
16. 过	guo	（助）	*particle*
17. 得	de	（助）	*particle*
18. 经常	jīngcháng	（副）	often
19. 每	měi	（代）	every
20. 同意	tóngyì	（动）	agree

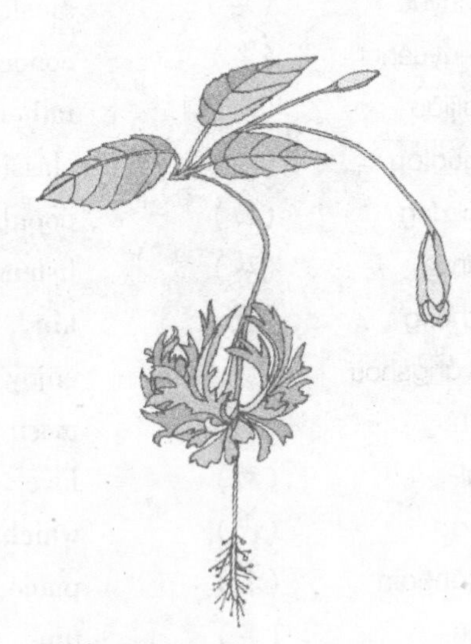

欢迎您

You are welcome

Sentence Patterns

131. 请问,您是马丁先生吗?

Qǐng wèn, nín shì Mǎdīng xiānsheng ma?

Excuse me, are you Mr. Martin?

132. 我是中国中信公司的,我叫王大林。

Wǒ shì Zhōngguó Zhōngxìn Gōngsī de, wǒ jiào Wáng Dàlín.

I am from Zhongxin Company in China. I am Wang Dalin.

133. 我代表公司欢迎您。

Wǒ dàibiǎo gōngsī huānyíng nín.

I welcome you on behalf of my company.

134. 认识您很高兴。

Rènshi nín hěn gāoxìng. .

It is nice to see you.

135. 一路辛苦了!

Yí lù xīnkǔ le!

It must have been a tough trip!

136. 没什么。

Méi shénme.

No, not at all.

137. 您住长城饭店,可以吗?

Nín zhù Chángchéng Fàndiàn, kěyǐ ma?

Is it all right for you to stay at Great Wall Hotel?

138. 给您添麻烦了。

Gěi nín tiān máfan le.

Sorry to trouble you!

139. 我很满意。

Wǒ hěn mǎnyì.

I am very satisfied.

140. 不必客气。

Búbì kèqi.

You are welcome.

课 文
Text

(一)

(在机场接人 At the airport arrival hall)

A: 请问,您是马丁先生吗?

Qǐng wèn, nín shì Mǎdīng xiānsheng ma?

Excuse me, are you Mr. Martin?

B: 是,您是……?

Shì, nín shì…?

Yes, are you...?

A：我是中国中信公司的，我姓王。

Wǒ shì Zhōngguó Zhōngxìn Gōngsī de, wǒ xìng Wáng.

I am from Zhongxin Company in China. My surname is Wang.

B：王先生，您好。

Wáng xiānsheng, nín hǎo.

Mr. Wang, how do you do!

A：您好，认识您很高兴。我代表公司欢迎您。

Nín hǎo, rènshi nín hěn gāoxìng. Wǒ dàibiǎo gōngsī huānyíng nín.

How do you do! I welcome you on behalf of my company.

B：认识您我也很高兴。

Rènshi nín wǒ yě hěn gāoxìng.

I am glad to see you too.

A：一路辛苦了！

Yí lù xīnkǔ le!

It must have been a tough trip!

B：没什么。

Méi shénme.

No, not at all.

(二)

(在汽车里　In the car)

A：我们去哪儿？

Wǒmen qù nǎr?

Where are we going?

B：去饭店。

Qù fàndiàn.

To the hotel.

A：去哪个饭店？

Qù nǎ ge fàndiàn?

To which hotel?

B：您住长城饭店，可以吗？

Nín zhù Chángchéng Fàndiàn, kěyǐ ma?

Is it all right for you to stay at Great Wall Hotel?

A：很好，我很满意。给您添麻烦了。

Hěn hǎo, wǒ hěn mǎnyì. Gěi nín tiān máfan le.

I am very satisfied. Sorry to trouble you!

B：不必客气。

Búbì kèqi.

You are welcome.

(二) 马丁先生来中国了

Mr. Martin has come to China

马丁先生来中国了。中信公司的王先生在飞机场欢迎他。王先生说:“马丁先生,一路上辛苦了,我代表公司欢迎您!”马丁先生说:“没什么,今天天气很好,路上很舒服。”然后他们要了出租车,一起去了长城饭店。马丁先生要住在那儿。

Mǎdīng xiānsheng lái Zhōnguó le. Zhōngxìn Gōngsī de Wáng xiānsheng zài fēijīchǎng huānyíng tā. Wáng xiānsheng shuō: “Mǎdīng xiānsheng, yí lù shang xīnkǔ le, wǒ dàibiǎo gōngsī huānyíng nín.” Mǎdīng xiānsheng shuō:“Méi shénme, jīntiān tiānqì hěn hǎo, lù shang hěn shūfu.” Ránhòu tāmen yào le chūzūchē, yìqǐ qù le Chángchéng Fàndiàn. Mǎdīng xiānsheng yào zhùzài nàr.

Mr Martin has come to China. Mr Wang from Zhongxin Company was at the airport to meet him. Mr Wang said:“Mr.

Martin, it must have been a tough trip. I welcome you on behalf of my company! " Mr. Martin said: "Not at all. It's a good day and it has been a comfortable trip." Then they got a taxi to go to Great Wall Hotel together. Mr. Martin would stay there.

注释

Annotation

1. 没什么　*Méi shénme*

表示没关系、不介意。"没什么"也常用来回答别人的感谢。如:A:"谢谢你。"B:"没什么。"

"*Méi shénme*" indicates "It's all right" or "Do not mind". "*Méi shénme*" is also often used to express gratitude to others, e.g. A: "*xièxie nǐ.*" (Thank you.) B: "*méi shénme.*" (It is nothing.)

2. 路上很舒服　*Lù shàng hěn shūfu*

"路上"是"一路上"的简单形式。

"*Lù shàng*" is the simplified form of "*yí lù shàng*".

3. 住在那儿　*Zhù zài nǎr*

"在 + 那儿"常用在动词后表示处所。也可以说"住在长城饭店""住在家"。

"*Zài* + *nǎr*" is often used after verbs to express location.

Examples:

住在长城饭店　　stay at Great Wall Hotel.

住在家　　stay at home

练 习

Exercises

1. 选择正确的回答：

Choose the correct answer:

(1) A：一路上辛苦了！

B：a. 不谢！　　b. 不客气！

c. 没什么。　　d. 不必气！

(2) A：给您添麻烦了！

B：a. 太好了！　　b. 不客气！

c. 不谢。　　d. 不必客气！

(3) A：请问，长城饭店在哪儿？

B：就在前边。

A：谢谢！

B：a. 不谢！　　b. 不客气！

c. 没什么。　　d. 太好了！

2. 把下列词连成句子：

Put the following words into sentences:

(1) 我　长城饭店　想　住

(2) 欢迎　代表　公司　我　您

(3) 很　认识　我　高兴　您　也

(4) 麻烦　给　添　您　了
(5) 我们　去　飞机场　一起　要
(6) 住　那儿　满意　很　我

3. 完成对话:

Complete the following dialogues:

(1) A: 您是王先生吧?
B: 是, ________________。
A: 我代表公司欢迎您。
B: ________________。
A: 认识你很高兴。
B: ________________。(也)
A: 一路辛苦了。
B: ________________。
(2) A: 我们去哪儿?
B: ________________。
A: 饭店远不远?
B: 不远, ________________。
A: 谢谢您,给您添麻烦了。
B: ________________。

生　词　New Words

1. 先生	xiānsheng	(名)	Mr
2. 公司	gōngsī	(名)	company

3. 代表	dàibiǎo	（动）	represent
4. 认识	rènshi	（动）	know
5. 高兴	gāoxìng	（形）	glad
6. 一路上	yí lù shang		all the way
7. 辛苦	xīnkǔ	（形）	tough
8. 没什么	méi shénme		nothing, not at all
9. 长城	Chángchéng		Great Wall
10. 饭店	fàndiàn	（名）	hotel
11. 给	gěi	（动）	give
12. 添	tiān	（动）	give
13. 麻烦	máfan	（名）	trouble
14. 满意	mǎnyì	（形）	satisfy
15. 不必	búbì	（副）	unnecessary, do not need to
16. 那儿	nàr	（代）	there
17. 马丁	Mǎdīng		Martin
18. 中国	Zhōngguó		China
19. 中信公司	Zhōngxìn Gōngsī		Zhongxin Company
20. 王大林	Wáng Dàlín		Wang Dalin
21. 长城饭店	Chángchéng Fàndiàn		Great Wall Hotel

15 我喜欢学习中文

I like studying Chinese

句 型

Sentence Patterns

141. 你会说中文吗？

Nǐ huì shuō Zhōngwén ma?

Do you speak Chinese?

142. 你能看中文书吗？

Nǐ néng kàn Zhōngwén shū ma?

Can you read Chinese books?

143. 你为什么要学习中文？

Nǐ wèi shénme yào xuéxí Zhōngwén?

Why do you learn Chinese?

144. 中国有几千年的历史。

Zhōngguó yǒu jǐ qiān nián de lìshǐ.

China has a history of several thousand years.

145. 我想了解中国。

Wǒ xiǎng liǎojiě Zhōngguó.

I want to find out more about China.

146. 我喜欢中国文学。

Wǒ xǐhuan Zhōngguó wénxué.

I like Chinese literature.

147. 我要努力学习中文,和中国人做朋友。

Wǒ yào nǔlì xuéxí Zhōngwén, hé Zhōngguórén zuò péngyou.

I want to work hard to learn Chinese, and to make friends with Chinese people.

148. 我打算明年去中国学习汉语。

Wǒ dǎsuàn míngnián qù Zhōngguó xuéxí Hànyǔ.

I plan to go to China to study Chinese next year.

149. 我说中文,你懂不懂?

Wǒ shuō Zhōngwén, nǐ dǒng bu dǒng?

I speak Chinese. Can you understand?

150. 请慢一点儿说。

Qǐng màn yìdiǎnr shuō.

Please speak slowly.

课文

Text

(一)

A:你会说中文吗?

Nǐ huì shuō Zhōngwén ma?

Do you speak Chinese?

B:我会一点儿。

Wǒ huì yìdiǎnr.

I know a little.

A：你能看中文书吗？
Nǐ néng kàn Zhōngwén shū ma?
Can you read Chinese books?

B：还不能看。
Hái bù néng kàn.
I still cannot read (Chinese).

A：我说中文，你懂不懂？
Wǒ shuō Zhōngwén, nǐ dǒng bu dǒng?
I speak Chinese. Can you understand?

B：你慢一点说，我可以懂。
Nǐ màn yìdiǎnr shuō, wǒ kěyǐ dǒng.
If you speak slowly, I would understand.

（二）

A：你学过中文，是吗？
Nǐ xuéguò Zhōngwén, shì ma?
You have learnt Chinese, haven't you?

B：是，我学过中文。
Shì, wǒ xuéguo Zhōngwén.
Yes, I have learnt Chinese.

A：你喜欢学习中文吗？
Nǐ xǐhuan xuéxí Zhōngwén ma?
Do you like studying Chinese?

B：我很喜欢学习中文。
Wǒ hěn xǐhuan xuéxí Zhōngwén.
I like studying Chinese very much.

A：为什么呢？

Wèi shénme ne?

Why?

B：因为我特别喜欢中国文学，我想看中文书。

Yīnwèi wǒ tèbié xǐhuan Zhōngguó wénxué, wǒ xiǎng kàn Zhōngwén shū.

Because I like Chinese literature very much and I want to read Chinese books.

A：你想学汉语，应该去中国。

Nǐ xiǎng xué Hànyǔ, yīnggāi qù Zhōngguó.

If you want to learn Chinese, you should go to China.

B：是啊，我打算明年去中国学习汉语。

Shì a, wǒ dǎsuàn míngnián qù Zhōngguó xuéxí Hànyǔ.

Yes. I plan to go to China to study Chinese next year.

（三）我要去中国
I want to go to China

中国有几千年的历史，我很想了解中国。我学过中文，可是我的中文还不太好，还不能看中文书。我打算明年去北京学习汉语。我要努力学习中文，和中国人做朋友。我还要参观博物馆、美术馆，还要经常去听音乐会。我很喜欢中国音乐。我也很喜欢中国文学，我要看中国文学作品。

Zhōngguó yǒu jǐ qiān nián de lìshǐ, wǒ hěn xiǎng liǎojiě Zhōngguó. Wǒ xuéguo Zhōngwén, kěshì wǒ de Zhōngwén hái bú tài hǎo, hái bù néng kàn Zhōngwén shū. Wǒ dǎsuàn míngnián qù Běijīng xuéxí Hànyǔ. Wǒ yào nǔlì xuéxí Zhōngwén, hé Zhōngguórén zuò péngyou. Wǒ hái yào qù cānguān bówùguǎn, měishùguǎn, hái yào jīngcháng qù tīng yīnyuèhuì. Wǒ hěn xǐhuan Zhōngguó yīnyuè. Wǒ yě hěn xǐhuan Zhōngguó wénxué, wǒ yào kàn Zhōngguó wénxué zuòpǐn.

China has a history of several thousand years. I want to find out more about China. I have learnt Chinese. However, my Chinese is not good. I can not read Chinese books yet. I plan to go to Beijing to study Chinese next year. I will work hard to learn Chinese and make friends with Chinese people. I also want to visit the musems, art galleries, and I'll go to the concerts. I enjoy Chinese music very much. I also like Chinese literature. I want to read works of Chinese literature.

注释 Annotation

1. 能和会　　*Néng hé huì*

"能"和"会"用在动词前面，表示能够做什么，具备什么能力。否定式为"不能"、"不会"。

"*Néng*" and "*huì*" are used before verbs to express what man can manage to do and what capacities one possesses. The negative form is "*bù néng*", "*bú huì*".

2. 为什么　　*Wèi shénme*

询问原因，后面加动词，有时只加一个"呢"，成为"为什么呢？"

"*Wèi shénme*" inquires about the reason and is followed by verbs. Sometimes only "*ne*" is added to form "*wèi shénmene?*".

3. 是啊　　*shì a*

"是啊"表示同意对方意见，并且接着做进一步的说明。

"*Shì a*" expresses one's agreement with the other party's opinions, and then a further explaination will be made.

练习 Exercises

1. 完成句子：

Complete the following sentences:

(1) A：你会说中文吗？
B：不，________。
A：你想学习中文吗？
B：是的，________。
A：你为什么想学习中文？
B：________。

(2) A：你喜欢中国文学吗？
B：是的，________。
A：你能看中国文学作品吗？
B：不，________。
A：你能说中文吗？
B：________。

(3) A：我说中文，你懂不懂？
B：________。（慢一点儿）
A：你学过中文吗？
B：________。（学过一点儿）
A：你喜欢学中文吗？
B：是的，________。

(4) A：你打算去中国，是吗？
B：是的，________。

A：去干什么？

B：______________。

A：你打算去中国哪儿？

B：______________。

2. 翻译词组：

Translation:

(1) 了解中国

了解中国文学

了解中国历史

了解中国公司

(2) 为什么要去中国

为什么要参观美术馆

为什么学习中文

为什么不喜欢喝咖啡

(3) 会说中文

会弹钢琴

能看中文书

能听懂中文

(4) 打算休息休息

打算去参观博物馆

打算听听音乐

打算去商店

3. 选词填空：

Fill in the blanks with the correct words:

历史　了解　正在　现在　能　还

打算　喜欢　博物馆　听音乐　做朋友

我叫大卫。我(　　　　)学习中文。中国有几千年的(　　　　),我很想(　　　　)中国。(　　　　)我的中文(　　　　)不太好,还不(　　　　)看中文书。我(　　　　)去北京学习汉语。我要和中国人(　　　　),我还要参观(　　　　),还要经常(　　　　),我很(　　　　)中国音乐。

生词 New Words

1. 能	néng	(动)	can
2. 为什么	wèi shénme		why
3. 学习	xuéxí	(动)	learn
4. 千	qiān	(数)	thousand
5. 年	nián	(名)	year
6. 历史	lìshǐ	(名)	history
7. 了解	liǎojiě	(动)	understand
8. 文学	wénxué	(名)	literature
9. 努力	nǔlì	(形)	work hard
10. 明年	míngnián	(名)	next year
11. 懂	dǒng	(动)	understand

12. 慢	màn	（形）	slow
慢一点儿	mànyìdiǎnr		slower
13. 因为	yīnwèi	（介）	because
14. 啊	a	（助）	*particle*
15. 作品	zuòpǐn	（名）	works
16. 中文	Zhōngwén	（名）	Chinese
17. 中国人	Zhōngguórén	（名）	Chinese, Chinese people
18. 中国	Zhōngguó		China
19. 汉语	Hànyǔ	（名）	Chinese

生 词 表

Shēng Cí Biǎo

A

啊	a	*particle*	15
爱	ài	love	13

B

吧	ba	*particle*	7
拜访	bàifǎng	visit	7
半	bàn	half	4
杯	bēi	cup	11
本	běn	*measure word*	12
比较	bǐjiào	rather	13
便宜	piányi	cheap	8
别的	biéde	else	8
病	bìng	sick	10
博物馆	bówùguǎn	museum	12
不	bù	no	2
不必	búbì	unnecessary, do not need to	14
不错	búcuò	not too bad	10

不客气	búkèqi	You are welcome.	3

C

参观	cānguān	visit	12
茶	chá	tea	11
差	chà	short of	4
长城	chángchéng	Great Wall	14
长城饭店	Chángchéng Fàndiàn	Great Wall Hotel	14
车	chē	car	5
出去	chūqu	go out	12
出租车	chūzūchē	taxi	5

D

打开	dǎikāi	open	2
打算	dǎsuàn	plan	12
大	dà	strong	9
大卫	Dàwèi	David	1
代表	dàibiǎo	represent	14
单	dān	single	6
淡	dàn	light	11
弹	tán	play	13
到	dào	reach	5
得	de	*particle*	13
的	de	*particle*	6

登记表	dēngjìbiǎo	registration form	6
等	děng	wait	5
地方	dìfang	place	5
点	diǎn	o'clock	4
懂	dǒng	understand	15
都	dōu	all	1
读	dú	read	2
肚子	dùzi	stomach	10
对	duì	to ward	7
对不起	duìbuqǐ	sorry	8
多少	duōshao	how much	8

F

饭店	fàndiàn	hotel	14
房间	fángjiān	room	6
飞机场	fēijīchǎng	airport	5
分	fēn	minute	4
风	fēng	wind	9

G

干	gàn	do	12
感冒	gǎnmào	flu, influenza	10
钢琴	gāngqín	piano	13
高兴	gāoxìng	glad	14

个	gè	*measure word*	8
给	gěi	give	14
跟	gēn	follow	6
公司	gōngsī	company	14
古典	gǔdiǎn	classical	13
刮	guā	blow	9
拐	guǎi	turn	3
贵	guì	expensive	8
过	guo	*particle*	13

H

汉语	Hànyǔ	Chinese	15
好	hǎo	fine	1
号	hào	number	6
喝	hē	drink	11
合适	héshì	suitable	7
和	hé	and	7
盒	hé	box	8
很	hěn	very	1
红	hóng	red	11
红茶	hóngchá	red tea	11
花	huā	flower	11
花茶	huāchá	scented tea	11
欢迎	huānyíng	welcome	7
还	hái	still, also	8

还是	háishi	or	6
会	huì	know	13

J

极	jí	extremely	9
几	jǐ	how many	4
加	jiā	add	11
家	jiā	home	7
间	jiān	*measure word*	6
健康	jiànkāng	healthy	10
叫	jiào	to name, to be called	1
今天	jīntiān	today	4
经常	jīngcháng	often	13
就	jiù	at once, right away	5
橘子	júzi	tangerine	8

K

咖啡	kāfēi	coffee	11
开	kāi	open	4
看	kàn	look	12
可是	kěshì	however	10
可以	kěyì	can	7
刻	kè	a quarter	4
客气	kèqi	courteous	3

课文	kèwén	text	2
空	kòng	empty, free	6
空儿	kòngr	free	7
块(元)	kuài (yuán)	*yuan*	8

L

老师	lǎoshi	teacher	2
老王	lǎowáng	Lao Wang	10
冷	lěng	cold	9
历史	lìshǐ	history	15
练习	liànxí	exercise	2
两	liǎng	two	6
了	le	*particle*	2
了解	liǎojiě	understand	15
流行	liúxíng	popular	13
绿	lǜ	green	11
绿茶	lǜchá	green tea	11

M

麻烦	máfan	trouble	14
马丁	Mǎ Dīng	Martin	14
马路	mǎlù	road	3
吗	ma	*particle*	1
买	mǎi	buy	8

满	mǎn	full	6
满意	mǎnyì	satisfy	14
慢	màn	slow	15
慢一点儿	mànyidiǎnr	slower	
毛(角)	máo (jiǎo)	*mao (jiao)*	8
没什么	méishénme	nothing, not at all	14
没有	méiyou	have not	5
每	měi	every	13
美术馆	měishùguǎn	the Art Museum	12
门	mén	door	4
面包	miànbāo	bread	8
明白	míngbai	understand	2
明年	míngnián	next year	15

N

哪	nǎ	which	13
哪儿	nǎr	where	3
那	nà	that	11
那儿	nàr	there	14
呢	ne	*particle*	1
能	néng	can	15
你	nǐ	you	1
你们	nǐmen	you	1
年	nián	year	15
您	nín	you (respectful form)	1

牛奶	niúnǎi	milk	8
浓	nóng	thick	11
努力	nǔlì	work hard	15

P

旁边	pángbiān	side	3
朋友	péngyou	friend	12
啤酒	píjiǔ	beer	11

Q

千	qiān	thousand	15
前边	qiánbian	ahead	3
钱	qián	money	8
晴天	qíngtiān	sunny day	9
请	qǐng	please	2
曲	qǔ	tune	13
去	qù	go	5

R

然后	ránhòu	then	12
热	rè	hot	9
人	rén	people	6
认识	rènshi	know	14

S

商店	shāngdiàn	shop, store	3
上	shàng	get on	5
上课	shàngkè	attend class	2
身体	shēntǐ	body	10
生词	shēngcí	new words	2
什么	shénme	what	1
时间	shíjiān	time	7
事	shì	matter	7
试	shì	try	11
是	shì	is	4
书	shū	book	2
舒服	shūfu	comfortable; feel well	10
双	shuāng	double	6
说	shuō	say	2

T

他	tā	he, him	1
他们	tāmen	they	8
太	tài	too	5
太阳	tàiyáng	sun	9
糖	táng	sugar	11
特别	tèbié	particularly	9

疼	téng	hurt	10
天气	tiānqi	weather	9
添	tiān	give	14
甜	tián	sweet	11
填	tián	fill	6
听	tīng	listen	13
同学们	tóngxuémen	students	2
同意	tóngyì	agree	13
头	tóu	head	10

W

外面	wàimian	outside	9
晚上	wǎnshang	night	7
王大林	Wáng Dàlín	Wang Dalin	14
王红	Wáng Hóng	Wang Hong	1
往	wǎng	to, toward	3
为什么	wèishénme	why	15
位	wèi	*measure word*	12
文学	wénxué	literature	15
问	wèn	ask, inquire	3
我	wǒ	I, me	1
我们	wǒmen	we, us	1

X

喜欢	xǐhuan	like	11
下(雨)	xià(yǔ)	to rain	9
下课	xiàkè	Class is over.	2
下午	xiàwǔ	afternoon	7
先	xiān	first	12
先生	xiānsheng	Mr	14
现在	xiànzài	now	2
香	xiāng	fragrant	11
享受	xiǎngshòu	enjoy (ment)	13
想	xiǎng	think, want	7
谢谢	xièxie	thank you	3
辛苦	xīnkǔ	tough	14
星期	xīngqī	week	4
星期日(天)	xīngqīrì(tiān)	Sunday	4
行	xíng	sure, all right	7
休息	xiūxi	rest	10
需要	xūyào	need	10
学	xué	learn	13
学习	xuéxí	learn	15

Y

要	yào	want	5

要	yào	be going to	9
也	yě	also, too, either	1
一遍	yíbiàn	once	2
一次	yícì	once	2
一点儿	yìdiǎnr	a little	8
一共	yígòng	altogether	8
一会儿	yíhuìr	a while	5
一路上	yílùshàng	all the way	14
一起	yìqǐ	together	7
一下儿	yíxiar	a moment	8
医院	yīyuàn	hospital	10
意思	yìsi	interest	12
因为	yīnwèi	because	15
阴天	yīntiān	cloudy day	9
音乐	yīnyuè	music	13
音乐会	yīnyuèhuì	concert	13
银行	yínháng	bank	3
应该	yīnggāi	should	10
有	yǒu	exist	5
有点儿	yǒudiǎnr	slightly, a little	19
有意思	yǒuyìsi	interesting	12
右	yòu	right	3
右边	yòubian	right side	3
远	yuǎn	far, distant	3
钥匙	yàoshi	key	6

Z

再	zài	again	2
再见	zàijiàn	see you then, goodbye	7
在	zài	exist	3
在	zài	be; in	12
怎么	zěnme	how	3
怎么样	zěnmeyàng	how	9
这	zhè	this	6
正在	zhèngzài	in the process of	12
知道	zhīdao	know	11
中国	Zhōngguó	China	14
中国人	Zhōngguórén	Chinese, Chinese people	15
中文	Zhōngwén	Chinese	15
中信公司	Zhōngxìn Gōngsī	Zhongxin Company	14
种	zhǒng	kind, type	13
住	zhù	stay	6
走	zǒu	walk	3
最	zuì	most; best	13
左	zuǒ	left	3
左边	zuǒbian	left side	3
作品	zuòpǐn	works	15
做	zuò	do	2

附录一

汉 语 语 音

Hàn Yǔ Yǔ Yīn

现代汉语的语音单位是音节，一个音节往往就是一个词,并且对应一个汉字。汉语的音节由三部分组成:声母、韵母和声调。例如:mā, m 是声母,ɑ 是韵母,ˉ 是声调,对应汉字“妈”。

In modern Chinese a syllable constitutes a phonetic unit and usually stands as a word with the meaning expressed by a Chinese character. A Chinese syllable is composed of three parts: an initial, a final and a tone. Take *mā* for example. *m* is the initial, *a* is the final, ˉ is the tone and the meaning is expressed by the character “妈” (mother).

一、声母　　The Initials

汉语有 21 个声母，其中有 12 个声母在英语中有大致相同的音,它们是:

There are 21 initials in Chinese and 12 of them have almost the same pronunciation as in English:

A. 唇音　　labial

b　[p]　　like the p in spy (not like the b in bay)

p　[p‘]　　like the p in pay

m　[m]　　like the m in may

f [f] like the f in fact

B. 舌尖前音 blade-alveolar

s [s] like the s in say

C. 舌尖中音 alveolar

d [t] like the t in stay

t [t‘] like the t in tea

n [n] like the n in name

l [l] like the l in lay

D. 舌根音 velar

g [k] like the k in sky (not like the g in guy)

k [k‘] like the k in king

h [h] like the h in high

方括号[ ]里是国际音标。

The International Phonetic Alphabets are in the brackets.

其余的 9 个,英语中只有近似音,它们是:

The other 9 only have similar pronunciation to that of English:

E. 舌尖前音 z、c blade-alveolar *z*, *c*

发音时,用舌尖接触上牙齿背,舌位和发 s 时相同,如

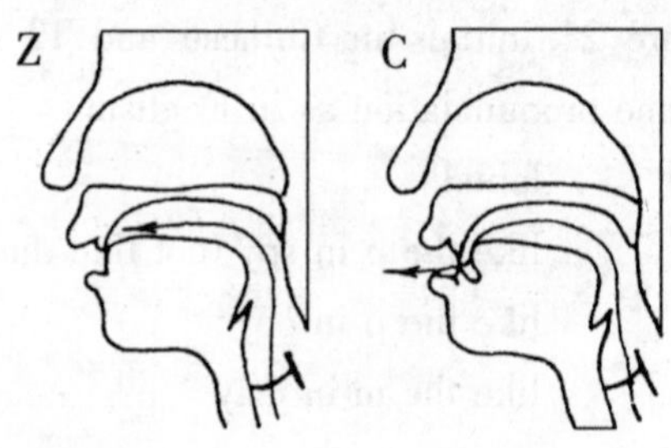

图：

When pronouncing, put the tip of the tongue against the back of the upper teeth and the tongue position is the same as that of s, as is shown in the chart above:

F. 舌尖后音 zh、ch、sh、r　　blade-palatal *zh*, *ch*, *sh*, *r*

发音时，舌头在口腔里的位置比发 z、c 时稍后一点，舌尖翘起接触硬腭最前端。如图：

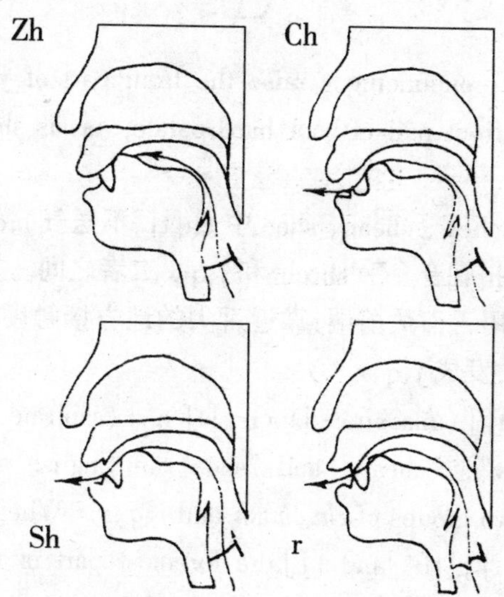

When pronouncing, keep the position of the tongue in the oral cavity, a little more backward than that of *z* or *c*, with the tip of tongue turned up against the foremost part of the hardpalate. See the chart:

G. 舌面音 j、p、x　　palatal j、p、x

发音时用舌面前部接触硬腭前部。如图:

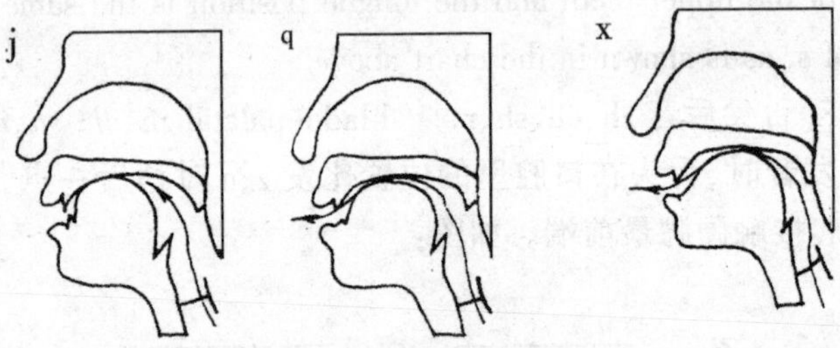

When pronouncing, raise the front part of your tongue against the front part of your hard palate, as is shown in the chart:

注意:英语 chew、cheap、shoe 中 ch[tʃ]不送气),ch[tʃ‘](送气),sh[ʃ]音介乎 zh、ch、和 j、q、x 二者之间。发[tʃ][tʃ‘]时要用舌面最前端、靠近舌尖的地方接触硬腭,往前一点儿,发成 j、q、x。

Note: ch [tʃ] (unaspirated), ch [tʃ ‘] (aspirated), sh [ʃ]in "chew", " cheap" and "shoe" in English are between the two groups of *zh*、*ch*、*sh* and *j*、*q*、*x*. When pronouncing [tʃ] [tʃ ‘]and [ʃ],the foremost part of the tongue, which is near the tip, is against the hard palate, and the tongue is positioned a little more to the front, thus *j*、*q* and *x* can be pronounced.

二、韵母　The Finals

汉语共有韵母 36 个。其中单韵母 6 个(ɑ, o, e, i, u, ü),复合韵母 29 个,其中 9 个是基础韵母(ɑi, ei, ɑo, ou, ɑn, en, ɑng, eng, ong)。由 6 个单韵母和 9 个基础韵母拼合出其余的韵母。如下表:

There are 36 finals in Chinese. 6 of them are simple finals (*a*, *o*, *e*, *i*, *u*, *ü*), the other 29 are compound finals, among which 9 are basic finals (*ai*, *ei*, *ao*, *ou*, *an*, *en*, *ang*, *eng*, *ong*). The 6 simple finals combine with the 9 basic finals to make up the other twenty finals, as is shown in the following table:

	i	u	ü
ɑ	iɑ	uɑ	
o		uo	
e	ie		üe
ɑi		uɑi	
ei		uei	
ɑo	iɑo		
ou	iou		
ɑn	iɑn	uɑn	üɑn
en	in	uen	ün
ɑng	iɑng	uɑng	
eng	ing	ueng	
ong	iong		

此外,还有一个不与声母拼合的韵母 er。

There is a final *er*, which cannot be combined with intials.

三、声调　The Tones

在汉语里,音节的高低升降能区别意义,例如:mǎi(买),mài(卖)。汉语的声调有四个,分别用ˉ ˊ ˇ ˋ来表示。

In Chinese the variation of a syllable's pitch may distinguish the meanings, e.g. *mǎi* (to buy) and *mài* (to sell). There are four tones in Chinese, and they are expressed respectively by ˉ ˊ ˇ ˋ.

第一声	the first tone	高调	the high tone
第二声	the second tone	升调	the rising tone
第三声	the third tone	低调	the low tone
第四声	the fourth tone	降调	the falling tone

例如: e.g.

mā	妈	mother
má	麻	hemp
mǎ	马	horse
mà	骂	scold

说明:

1. 音节 zhi chi shi ri zi ci si 中的韵母 i 不发[i]音。
2. 以 i 和 u 开头的音节,要分别改为 y、w,例如 iao→yao,ua→wa.i、in、ing、u 自成音节时,写成 yi、yin、ying、wu.
3. ü 自成音节写成 yu。
   以 ü 开头的音节写成 yue、yuan、yun,两点省略。
   jü、qü、xü 写成 ju、qu、xu,两点也省略。
4. iou、uei、uen 前面有声母时,写作 iu、ui、un。

Clarifications:

1. The final *i* in syllables such as *zhi*, *chi*, *shi*, *ri*, *zi*, *ci* and *si* is silent and should not be pronounced as [i].
2. When a syllable starts with *i* or *u*, they should be changed into *y* and *w* respectively, e.g. *iāo*→*yāo*, *uā*→ *wā*.

   When *i*, *in*, *ing* and *u* form syllables by themselves, they are written respectively as *yi*, *yin*, *ying* and *wu*.
3. When *ü* forms a syllable by itself, it is written as *yu*. When syllables start with *ü*, they are written as *yue*、*yuan* and *yun*. The two dots are omitted.

   Jü, *qü*, *xü* are written as *ju*, *qu*, *xu*, and the two dots are also omitted.
4. When preceded by initials, *iou*, *uei* and uen are written respectively as *iu*, *ui* and *un*.

附录二

常用反义单音节形容词

Cháng Yòng Fǎnyì Dān Yīnjié Xíngróngcí

大——	小	多——	少	远——	近
dà	xiǎo	duō	shǎo	yuǎn	jìn
big	small	many	few	far	near
高——	低	先——	后	早——	晚
gāo	dī	xiān	hòu	zǎo	wǎn
high	low	blefore	after	early	late
长——	短	深——	浅	真——	假
cháng	duǎn	shēn	qiǎn	zhēn	jiǎ
long	short	deep	shallow	true	false
冷——	热	宽——	窄	粗——	细
lěng	rè	kuān	zhǎi	cū	xì
cold	hot	broad	narrow	thick	thin
香——	臭	浓——	淡	强——	弱
xiāng	chòu	nóng	dàn	qiáng	ruò
fragant	stink	thick	light	strong	weak

软——硬		快——慢		薄——厚	
ruǎn	yìng	kuài	màn	báo	hòu
soft	hard	quick	slow	thin	thick
胖——瘦		轻——重		干——湿	
pàng	shòu	qīng	zhòng	gān	shī
fat	thin	light	heavy	dry	wet
穷——富		忙——闲		美——丑	
qióng	fù	máng	xián	měi	chǒu
poor	rich	busy	free	beautiful	ugly

附录三

常用俗语

Cháng Yòng Sú Yǔ

1. 一年之计在于春,一日之计在于晨
   Yìnián zhī jì zàiyú chūn, yírì zhī jì záiyú chén.
   The whole year's work depends on a good start in the Spring; a whole day's work depends on a good start in the morning.
2. 天下无难事,只怕有心人
   Tiānxià wú nánshì, zhǐ pà yǒuxīn rén.
   Where there is a will, there is a way.
3. 不怕慢,就怕站。
   Búpà màn, jiù pà zhàn.
   It is better to move slowly than stop.
4. 活到老,学到老。
   Huó dào lǎo, xué dào lǎo.
   A day I live, a day I study.
5. 种瓜得瓜,种豆得豆。
   Zhòng guā dé guā, zhòng dòu dé dòu.
   You harvest what you plant (sow).
6. 名师出高徒。
   Míng shī chū gāo tú.
   A good teacher will turn out good students.

7. 一个巴掌拍不响。

Yí ge bāzhang pāi bù xiǎng.

One person alone can not start a quarrel. (one hand only can not make an applause.)

8. 在家靠父母，出门靠朋友。

Zài jiā kào fùmǔ, chūmén kào péngyou.

While at home we can turn to our parents, in our trip, to our friends.

9. 知足者长乐。

Zhī zú zhě cháng lè.

Satisfaction makes pleasure.

10. 好事不出门，坏事行千里。

Hǎo shì bù chū mén, huài shì xíng qiān lǐ.

Bad news travels far.

附录四

古 诗 四 首

Gǔ Shī Sì Shǒu

唐 代 (Tang Dynasty)
Táng Dài
李 白 (701~762)
Lǐ Bái

静 夜 思
jìng yè sī

床 前 明 月 光，
chuáng qián míng yuè guāng
疑 是 地 上 霜。
yí shì dì shàng shuāng
举 头 望 明 月，
jǔ tóu wàng míng yuè
低 头 思 故 乡。
dī tóu sī gù xiāng

A TRANQUIL NIGHT

Before my bed a pool of light–
Can it be hoarfrost on the ground?
Looking up, I find the moon bright;
Bowing, in homesickness I'm drowned.

唐　　代（Tang Dynasty）
Táng　Dài
孟　　浩　　然（689~740）
Mèng　Hàorán

春　晓
chūn　xiǎo

春　　眠　　不　　觉　　晓，
chūn　mián　bù　jué　xiǎo
处　　处　　闻　　啼　　鸟。
chù　chù　wén　tí　niǎo
夜　　来　　风　　雨　　声，
yè　lái　fēng　yǔ　shēng
花　　落　　知　　多　　少。
huā　luò　zhī　duō　shǎo

HZSPRING MORNING

Spring morning in bed I'm lying,
Not to awake till birds are crying.
After one night of wind and showers,
How many are the fallen flowers?

唐　　代 (Tang Dynasty)
Táng　Dài
王　之　涣 (688~742)
Wáng　Zhīhuàn

登　鹳　雀　楼
dēng　guàn　què　lóu

白　日　依　山　尽，
bái　rì　yī　shān　jìn
黄　河　入　海　流。
huáng　hé　rù　hǎi　liú
欲　穷　千　里　目，
yù　qióng　qiān　lǐ　mù
更　上　一　层　楼。
gèng　shàng　yì　céng　lóu

THE STORK TOWER

The sun beyond the mountain glows;
The Yellow River seawards flows.
You can enjoy a grander sight
By climbing to a greater height.

宋　　代 (Song Dynasty)
Sòng　Dài
范　仲　　淹 (989~1052)
Fàn　Zhòngyān

江　上　渔　者
jiāng　shàng　yú　zhě

江　上　往　来　人，
jiāng　shàng　wǎng　lái　rén
但　爱　鲈　鱼　美。
dàn　ài　lú　yú　měi
君　看　一　叶　舟，
jūn　kàn　yí　yè　zhōu
出　没　风　波　里。
chū　mò　fēng　bō　lǐ

THE FISHERMAN ON THE STREAM

You go up and down stream;
You love to eat the bream.
Lo! the fishing boat braves
Perilous wind and waves.

北京大学出版社最新图书推荐(阴影为近年新书)

名称	书号	定价
汉语教材		
新概念汉语(初级本 I)	06449-7	37.00
新概念汉语(初级本 II)	06532-9	35.00
说字解词(初级汉语教材)	05637-0	70.00
中级汉语精读教程(1)	04297-3	38.00
中级汉语精读教程(2)	04298-1	40.00
初级汉语阅读教程(1)	06531-0	35.00
初级汉语阅读教程(2)	05692-3	36.00
中级汉语阅读教程(1)	04013-X	40.00
中级汉语阅读教程(2)	4014-8	40.00
中国剪影-中级汉语教程	04102-0	28.00
新汉语教程(1-3)(初中高级)	04028-8/04029-6/04030-X	85.00
话说今日中国(高级精读)	04153-5	46.00
基础实用商务汉语(修订版)	04678-2	45.00
公司汉语	05734-2	35.00
国际商务汉语教程	04661-8	33.00
短期汉语教材		
魔力汉语(上)(英日韩文注释本)	05993-0	33.00
魔力汉语(下)(英日韩文注释本)	05994-9	33.00
汉语快易通-初级口语听力(英日文注释本)	05691-5	36.00
汉语快易通-中级口语听力(英日韩文注释本)	06001-7	36.00
快乐学汉语(韩文注释本)	05104-2	22.00

快乐学汉语(英日文注释本)	05400-9	23.00

口语听力教材

初级汉语口语(上)	03526-8	40.00
初级汉语口语(下)	03701-5	50.00
中级汉语口语(上)	03154-8	28.00
中级汉语口语(下)	03217-X	28.00
高级汉语口语(上)	03519-5	30.00
高级汉语口语(下)	03920-4	30.00
汉语初级听力教程(上)	04253-1	32.00
汉语初级听力教程(下)	04664-2	45.00
汉语中级听力教程(上)	02128-3	28.00
汉语中级听力教程(下)	02287-5	38.00
汉语高级听力教程	04092-x	30.00
新汉语中级听力(上册)	06527-2	54.00

文化教材及读物

中国概况(修订版)	02479-7	30.00
中国传统文化与现代生活-留学生中级文化读本	06002-5	38.00
中国传统文化与现代生活-留学生高级文化读本	04450-X	34.00
文化中国-中国文化阅读教程 1	05810-1	38.00
解读中国-中国文化阅读教程 2	05811-X	42.00

写作、语法、汉字及报刊教材

应用汉语读写教程	05562-5	25.00
留学生汉语写作进阶	06447-0	31.00
实用汉语语法(修订本)附习题解答	05096-8	75.00
简明汉语语法学习手册	05749-0	22.00

常用汉字图解	03329-X	85.00
新编汉语报刊阅读教程(初级本)	04677-4	25.00
新编汉语报刊阅读教程(中级本)	04677-4	26.00
新编汉语报刊阅读教程(高级本)	04677-4	40.00

HSK 应试辅导书教材及习题

HSK 汉语水平考试模拟习题集(初、中等)	04518-2	40.00
HSK 汉语水平考试模拟习题集(高等)	04666-9	50.00
HSK 汉语水平考试词汇自测手册	05072-0	45.00
HSK 汉语水平考试(初、中等) 全真模拟活页题集(模拟完整题)	05080-1	37.00
HSK 汉语水平考试(初、中等) 全真模拟活页题集(听力理解)	05310-X	34.00
HSK 汉语水平考试(初、中等)全真模拟活页题集 (语法 综合填空 阅读理解)	05311-8	50.00